Amy Bizzarri

W0370520

111 Orte in Chicago, die man gesehen haben muss

Mit Fotografien von Susie Inverso

111

emons:

Bibliografische Information der Deutschen Nationalbibliothek
Die Deutsche Nationalbibliothek verzeichnet diese Publikation in der Deutschen Nationalbibliografie; detaillierte bibliografische Daten sind im Internet über http://dnb.d-nb.de abrufbar.

FSC
www.fsc.org
MIX
Papier aus verantwortungsvollen Quellen
FSC® C083411

© Emons Verlag GmbH
Alle Rechte vorbehalten
© der Fotografien: Susie Inverso
© Covermotiv: privat
Deutsche Fassung: Monika Elisa Schurr
Layout: Eva Kraskes, nach einem Konzept von Lübbeke | Naumann | Thoben
Kartografie: altancicek.design, www.altancicek.de
Kartenbasisinformationen aus Openstreetmap,
© OpenStreetMap-Mitwirkende, ODbL
Druck und Bindung: CPI – Clausen & Bosse, Leck
Printed in Germany 2018
ISBN 978-3-7408-0355-1

Unser Newsletter informiert Sie regelmäßig über Neues von emons:
Kostenlos bestellen unter
www.emons-verlag.de

Vorwort

Wenn ich nachts mit dem Flugzeug von einer Reise nach Hause komme, über das unermessliche Dunkelblau des Lake Michigan fliege und die Sterne über mir funkeln, wirkt Chicago mit seinem bernsteinfarbenen Straßennetz wie von innen erleuchtet. Mit frischer Schneedecke ist es ein magischer Anblick.

Die ausgeprägten Jahreszeiten geben uns Kante und die langen Winter Kraft. Man kann sich nicht als echten Chicagoer bezeichnen, wenn man noch nie sein zugeschneites Auto freigeschaufelt hat. Der Frühling überschüttet uns mit Blüten. Nicht umsonst nennt man uns »Urbs in Horto« – Stadt im Garten. Und kommt erst der Sommer, so lieben wir unser Seeufer, chillen bei Bier und BBQ und feuern die Chicago Cubs an, unsere liebenswerten Loser. Denn aufgeben tun wir nicht. Wegen nichts und niemandem. Im Herbst schließlich hüllen sich unsere Bäume in feurig rote Farbtöne, die an den Großen Brand von 1871 erinnern. Unsere Paraderolle ist die des Phönix aus der Asche.

Von diesem Geist beseelt, führe ich Sie an 111 Orte jenseits des Touristenblicks, an Orte, wo Musik unsere Stimmung hebt – darunter eine von Mutter und Sohn geführte Blues-Lounge und eine Pianobar im Stil der 1930er –, und zu anderen Lokalitäten, wo wir Schildkrötenrennen abhalten, unsere Bäuche mit unseren (!) Hotdogs füllen oder den Vollmond mit einer Jamsession am Strand begrüßen.

Wer die Magie der Stadt im Kleinen erleben will, der schnorchle am Sandsteinriff der South Side, das von Leben nur so wimmelt, oder nippe unter der Kuppel eines Wolkenkratzers am Champagner. Jeder der Orte wirft ein Schlaglicht auf die Fähigkeit der Stadt, sich schnell und einfallsreich zu wandeln: Schlaglöcher werden zu Mosaiken, unbebaute Grundstücke zu Bienenstöcken, Industriewüsten zu Parkanlagen.

Wenn ich durch diese Stadt streife, die Sarah Bernhardt einst als »Puls Amerikas« bezeichnete, erlebe ich auf Schritt und Tritt die zupackende Art der Chicagoer, dank der ich mich hier zu Hause fühle. Willkommen in meiner Windy City.

– *Amy Bizzarri*

111 Orte

Mill
COCKTAIL
Lounge

FIRE
DEPT.

1 Die 606

Im hohen Bogen

Die 606, ein 4,5 Kilometer langer Weg, der vier Parks und vier Stadtviertel Chicagos miteinander verbindet, wird auf der stahl- und betonbefestigten Trasse einer ehemaligen Bahnlinie hoch über die Straßen Chicagos hinweggeleitet. Sie verläuft entlang der Bloomingdale Avenue, von der Ashland Avenue im Osten bis zur Ridgeway Avenue im Westen. Das satte Stück Grün bietet einen Blick auf das Stadtleben aus der Vogelperspektive.

Die erhöhte Bloomingdale Line wurde 1915 gebaut, um Fußgänger davor zu bewahren, unter die Räder der Güterzüge zu geraten, die zuvor auf Straßenniveau über die Kreuzungen donnerten. 38 Viadukte, die noch heute stehen, erlaubten es den Passanten, ihren Weg unversehrt unterhalb der Schienen fortzusetzen. Im Laufe der Zeit verdrängten Lastwagen die Züge; die letzten Waggons rollten 2001. Unkraut überwucherte die Gleisanlagen, die erhöhte Trasse war für die Öffentlichkeit gesperrt.

In den frühen Nullerjahren ersann eine Grassroots-Bewegung einen Plan für die Nutzung der toten Strecke. Bald ersetzte breite Pflasterung die Schienen, bunte einheimische Präriepflanzen das Unkraut. Läufer, Spaziergänger, Radfahrer und Naturliebhaber kamen hinzu. Heute lernen hier Kinder das Fahrradfahren, Pendler nehmen die 606 als Abkürzung, Liebende spazieren in den Sonnenuntergang. Kunstausstellungen und Kreativprogramme machen jeden Besuch dieser besonderen Route zu einem neuen Erlebnis.

Die im hohen Bogen verlaufende Strecke bietet eine Zuflucht vor der Hektik der Stadt, sie ist ein Ort, um tief Luft zu holen und Chicago aus ganz anderen Blickwinkeln zu entdecken. Da man sich sechs Meter über Straßenniveau befindet, ergeben sich interessante Einblicke in die Fenster, die den Weg säumen, und ein Panorama-Fernblick über die Skyline mit ihren Wolkenkratzern. Die 606 wurde nach der Postleitzahl jener Viertel benannt, die nun durch diese Stadtoase verbunden sind.

Adresse Bloomingdale Avenue, von der Ashland Avenue im Osten bis zur Ridgeway Avenue im Westen, www.the606.org | **ÖPNV** es gibt zwölf Zugänge zur 606, Details und interaktive Karte auf der Website | **Öffnungszeiten** täglich von Sonnenauf- bis -untergang | **Tipp** Obwohl man die Strecke gut zu Fuß zurücklegen kann, macht ein Leihfahrrad (»Divvy bike«) das Ganze leichter und spaßiger. Es gibt 17 Verleihstationen in der Umgebung der 606. Am besten betritt man die 606 am Julia de Burgos Park, wo es auch eine Divvy Station gibt (1805 N Albany Avenue, www.divvybikes.com).

2 Al Capones Separee

Rhapsody in Green

Obwohl ihm im Keller gegenüber eine Flüsterkneipe gehörte, liebte Kult-Mafioso Al Capone die Green Mill Cocktail Lounge über alles. Wenn »Narbengesicht« eintrat, stoppte der Bandleader augenblicklich und stimmte die »Rhapsody in Blue« an – pronto!

Von seinem moosgrünen, samtenen Separee am Ende der Bar aus, gegenüber dem Seiteneingang an der Lawrence Street, hatte »Chicago's Big Fellow«, wie Unterweltskollegen ihn nannten, immer im Auge, wer die Bar betrat, und konnte gleichzeitig die Nummer auf der Bühne verfolgen.

Capones Lieblingsschnulzier war Joe E. Lewis. 1927 wurde Lewis »gebeten«, einen Vertrag zu unterschreiben, der ihn verpflichten sollte, ausschließlich im Green Mill zu singen – so wollte es Jack »Machine Gun« McGurn, ein Syndikatskumpel Capones. Als der Sänger sich weigerte, wurde er mit einem Revolver niedergeknüppelt. Zusätzlich schlitzte man ihm Kehle und Zunge mit einem Jagdmesser auf. Erstaunlicherweise überlebte das Opfer den Angriff, wurde Komiker und trat auch im Green Mill auf. McGurn seinerseits machte sich daran, das »Valentinstag-Massaker« von 1929 zu orchestrieren. Das Green Mill erzählt diese Geschichte mittels Holzschnitzereien über der Bar, die die Akteure abbilden und die Szene mit einer Inschrift poetisch einfangen: »Big Al aß seine Spaghetti / Machine Gun McGurn war seltsam still / sagte zu Joe E.: ›Du wirst aussehen wie Confetti / verlässt du das Green Mill.‹«

Könnten die Wände hier sprechen, sie hätten viele rührselige Geschichten zu erzählen. Von Jazzgrößen – Billie Holiday, Von Freeman, Wilbur Campbell, Kurt Elling, Orbert Davis –, die in der einst rauchgeschwängerten Lounge das Publikum fesselten, bis hin zu Mafiabossen und Filmschauspielern, die sich in der zeitlosen Jazzbar über Martinis beugten, bevölkern die Geister der Vergangenheit das Lokal. Seit über 100 Jahren wacht Ceres, die Erntegöttin, über dieses Juwel im Art-déco-Stil – den besten Jazzclub Chicagos und wohl auch der Welt.

Adresse 4802 N Broadway, Chicago, IL 60640, Tel. +1 (773) 878-5552, www.greenmilljazz.com | **ÖPNV** Subway bis Lawrence (Red Line) | **Öffnungszeiten** Mo–Fr 12–4 Uhr, Sa 12–5 Uhr, So 11–4 Uhr | **Tipp** Im Green Mill wird noch immer phantastischer Jazz gespielt – und großartige Dichtung vorgetragen. Sonntagabends von 19 bis 22 Uhr während des Uptown Poetry Slam (ältester laufender Slam der Stadt) schmieden Poeten Verse.

3 Aloft Loft Circus Arts

Mehr Zeit in der Luft

In einer historischen, 109 Jahre alten Kirche im Herzen von Logan Square hat die Akrobatik Altäre verdrängt, die Gelenkigkeit fromme Gebete, Balancekünstler die Bibel und Clowns den Katechismus. Noch immer strömt das Licht durch die Buntglasfenster herein. Statt Kirchgängern erhellen die Sonnenstrahlen nun aber wirbelnde Artisten an zwölf Meter langen Seilen, die von der hohen Gewölbedecke herabhängen. Aufstrebende Zirkuskünstler sind die neuen Gemeindegänger der ehemaligen First Evangelical Church in der Wrightwood Avenue, seit Aloft Circus das Gebäude 2016 übernahm und es in den Top-Spot für alle Trapez-, Trampolin- und Drahtseil-Eleven Chicagos verwandelte.

Die fordernden und spaßigen Kurse stehen professionellen Performern wie ehrgeizigen Amateuren offen. Geringe Teilnehmerzahlen pro Lehrgang bedeuten mehr Zeit in der Luft.

Das »Full Time Training Program« ist der einzige Zweijahres-Lehrgang in den Vereinigten Staaten, aus dem nach 40 Wochen hartem Training mit allen Wassern gewaschene Herzblut-Artisten mit Abschluss hervorgehen. Einführungskurse in allen Disziplinen vom Cyr Wheel bis zu Clownerien stehen jedem mit ein bisschen Mumm, großem Spieltrieb und – am wichtigsten – unbegrenztem Sinn für Humor offen.

Alle Kurse finden im 560 Quadratmeter großen Hauptschiff der Kirche statt. Oft sieht man in dieser geschäftigen Halle mehrere Nummern gleichzeitig über die Bühne gehen – Clowns, die ihre Jonglierkünste verfeinern, während oben auf dem Drahtseil Meister des Gleichgewichts über sie hinwegschreiten. Aloft Circus erwarb die Kirche für rund eine Million Dollar, sammelte über eine Crowdfunding-Kampagne weitere 60.000 und machte dieses Projekt zur drittgrößten Zirkusschule des Landes. Aloft baut bei seinen Schülern Vertrauen, Kraft und Körperbewusstsein auf, vergisst dabei aber auch den Spaßfaktor nicht.

Adresse 3324 W Wrightwood Avenue, Chicago, IL 60647, Tel. +1 (773) 782-6662, www.aloftloft.com | ÖPNV Subway bis Logan Square (Blue Line) | Öffnungszeiten Programm auf der Website | Tipp Sehen Sie sich »Sanctuary« an, Alofts Zirkusshow, die an jedem ersten Samstag im Monat stattfindet. Tickets und mehr unter www.aloftloft.com.

4 American Science & Surplus

Fledermäuse und Gummihühner

Ob man nun den besten neuen Autobot kreieren möchte, dringend ein lebensgroßes Fledermausskelett oder 60 Zentimeter große Militärsaugnäpfe benötigt: Hier finden Sie alles, wovon Sie gar nicht wussten, dass Sie es brauchen. Seit 75 Jahren beliefert die in Chicago ansässige Firma American Science & Surplus die Gemeinde der Wissenschaftler mit einer unüberbietbaren Auswahl an schrägem, beklopptem Vielzweckzeugs und solchen Gegenständen, deren Zweck noch unbekannt ist. Als Lieferant des Verqueren, Kuriosen und doch Quintessenziellen scheut man hier keine Mühen, um die Regale mit Außergewöhnlichem vollzustopfen. Wo sonst findet man Gummihühner, die hier neben Spielhallenknöpfen und 30 Zentimeter langen Schneiderscheren auf den Regalen sitzen? Eine tragbare Armeelatrine für zwei Personen? Ein Plüschschwein mit Goldfischglas-Bauch? Einen meterlangen polynesischen Leguan? Man plane also eine Stunde ein, um ihn auf Schatzsuche zu durchstöbern.

Der Legende nach kam Gründer Al Luebbers in den Besitz eines Stapels überschüssiger Industrielinsen, die eine Firma neben der Fabrik, in der er arbeitete, einfach wegwarf. Er erkundigte sich nach ihnen und bekam sie für lau, solange er den Schrott selbst abtransportierte. Als ihm klar wurde, dass sich Krimskrams und Raritäten dieser Art mit Gewinn verkaufen lassen, eröffnete Luebbers seinen Laden. Das war in den späten 1930ern, und seitdem schleppte er von überallher für den Müll Bestimmtes an. Bis heute finden Waren aus Ladenschließungen und Inventarausmusterungen, fehlerhafte Produkte und Stücke, deren Zeit noch nicht gekommen ist, den Weg in diesen erkundungswürdigen Laden. Ein Wort der Warnung jedoch: Erspähen Sie etwas, was Ihre Neugier kitzelt, so kaufen Sie es noch heute, denn morgen ist es wahrscheinlich nicht mehr da. Und was weg ist, ist weg. Bis das nächste Schätzchen hier anlandet und seine Stelle einnimmt.

Adresse 5316 N Milwaukee Avenue, Chicago, IL 60630, Tel. +1 (773) 763-0313, www.sciplus.com | **ÖPNV** Subway bis Gladstone (Blue Line) | **Öffnungszeiten** Mo–Mi 10–19 Uhr, Do 10–20 Uhr, Fr 10–19 Uhr, Sa 10–18 Uhr, So 11–17 Uhr | **Tipp** Folgen Sie Ihrer Nase auf den Spuren der nach Knoblauch duftenden Krakauer frisch vom Würstchengrill bei Andy's Deli and Mikolajczyk Sausage Shop Inc. Über zwei Dutzend verschiedene Sorten hausgemachter Würstchen hängen an den Wänden dieses geschätzten polnisch-amerikanischen Delis. Sie werden im Stil der Alten Welt zubereitet. Genießen Sie dazu frisch gebackenes Brot und Brötchen sowie eine feine Auswahl hausgemachter polnischer Leckereien. Ein königliches Mahl! (5442 N Milwaukee Avenue)

5 Der Aragon Ballroom

Musikalische Meilensteine

Unter den funkelnden Lichtern des Aragon Ballroom sind übernatürliche musikalische Erfahrungen an der Tagesordnung. Hier spielten Nirvana ihr letztes Konzert, darunter den schon lange als Bootleg zirkulierenden Song »You Know You're Right«. Green Day filmten ihr »MTV Jaded in Chicago«-Konzert vor ausverkaufter Halle; die Funk-Metal-Band Primus zeichnete ihre erste Konzert-DVD »Hallucino-Genetics« auf; die Sludge-Metal-Band Mastodon nahm ein Live-Album nebst DVD in einer der typischerweise wilden Aragon-Nächte auf.

Bald nach der Eröffnung 1926 wurde das Aragon von Musikfans geradezu geflutet. Sie kamen über die Hochbahn »L« her, die jeden Abend der Sechstagewoche bis zum Anschlag vollgepackt war. Der Hitsender WGN übertrug live aus dem Aragon und förderte damit seine Anziehungskraft auf junges, musikbegeistertes Volk. Zeitungsanzeigen des Ballroom rühmten »Visionen schwüler Señoritas und schneidiger Caballeros« sowie »mondbeschienene Terrassen und stattliche Türmchen, die mediterrane Himmel streifen«. Eine Ansichtskarte prahlte: »Wer noch nicht im Aragon war, hat das Paradies verpasst.«

Der Legende nach soll es Geheimgänge gegeben haben, die vom Keller zur nahe gelegenen Green Mill Bar führten und musikaffinen Mafiosi eine schnelle Flucht boten. Al Capone saß hier in seinem Separee auf dem Südwestbalkon, wo er sich bei Gefahr über einen Notausgang verdünnisieren konnte. Der Keller diente auch als Flüsterkneipe, betrieben von Schmugglerkönig Hymie Weiss und der Bande um Charles »Deanie« O'Banion, einen Rivalen Capones, der später niedergemäht wurde, während er im Blumenladen der Familie Chrysanthemen schnitt. In den 1960ern wandelte sich das Aragon zur Disco, in den 1970ern fanden hier monströse Rock-Marathons statt, die ihm den Spitznamen »Aragon Brawlroom« (Prügelraum) einbrachten. Heute bietet ein gemischtes Programm nahezu jedes Musikgenre, von Rap bis Reggaetown.

Adresse 1106 W Lawrence Avenue, Chicago, IL 60640, Tel. +1 (773) 561-9500, www.aragonballroom.org | ÖPNV Subway bis Lawrence (Red Line) | Öffnungszeiten siehe Website | Tipp In der Nähe ist das Uptown Theatre, der letzte der »drei großen« Filmpaläste, die die Kinokette Balaban & Katz errichtete. Obwohl es aktuell wegen aufwendiger Sanierungsarbeiten geschlossen ist, kann man durch die Haupttüren seiner grandiosen achtstöckigen Fassade die opulente fünfstöckige Lobby erspähen, die Sie aus »Transformers 4« kennen könnten (4816 N Broadway, www.uptowntheatre.com).

6 Architectural Artifacts

Jeden Tag auf Schatzsuche

Designer, Sammler und Inneneinrichter, die nach wahrhaft besonderen, manchmal unerhörten Stücken in Museumsqualität suchen, kommen direkt hierher. Wo sonst fände man ein Paar 20.000 Pfund schwere, monumentale, aus Kalkstein gemeißelte Rösser, die einst am Tor einer historischen Pferdefarm in Barrington, Illinois, standen? Oder einen italienischen Schrank in Übergröße aus dem Jahr 1930 aus den Terme di Salsomaggiore, einem altrömischen Kurort bei Parma? Oder vier verschiedene, zwei Meter hohe Ziffernblätter mit Tierkreiszeichen von der Original-Brauerei Schlitz in Milwaukee, Wisconsin?

Die Anlage im historischen Ravenswood besteht aus zwei Gebäuden, die über luftige Stege und ein hoch aufragendes Atrium miteinander verbunden sind. Steinsäulen, Statuen, Pavillons, Gartenmobiliar und Pflanzkübel füllen den geräumigen Hof draußen. Der Ort mit den schimmernden Schätzen ist derart einnehmend, dass er mittlerweile als Hochzeitslocation boomt.

Seit über 25 Jahren füllt Stuart Grannen, ein moderner Indiana Jones mit einem Auge für Details, seine einen Dreiviertelhektar umfassenden Lagerhallen mit Funden aus Altmaterial, die er aus Chicago und darüber hinaus anhäuft. »Jeden Tag auf Schatzsuche«, sagt Grannen, der auch schon in den abgelegensten Ecken des Erdballs nach architektonischen Raritäten gesucht hat, die sonst für immer verloren gewesen wären.

Die wertvollsten Stücke gemahnen an das Chicago vergangener Zeiten. Wenn alten Gebäuden die Abrissbirne winkt, ist es Grannen, der hineingeht und die Preziosen herausholt, bevor sie der Modernisierung zum Opfer fallen. Als wir hier waren, enthielt das Inventar ein bemerkenswertes Paar eiserner Aufzugstüren vom Börsengebäude Adler & Sullivan's Chicago Stock Exchange (gebaut 1893, abgerissen 1972), rare Bleiglasfenster aus einem Penthouse am Lake Shore Drive und ein Paar gewölbter Türen des historischen Morse House in Glencoe.

Adresse 4325 N Ravenswood Avenue, Chicago, IL 60613, Tel. +1 (773) 348-0622, www.architecturalartifacts.com | ÖPNV Subway bis Montrose (Brown Line) | Öffnungszeiten Mo–So 10–17 Uhr | Tipp Rebuilding Exchange ist ein weiteres großartiges Bergungsunternehmen in Chicago, das besonders DIY-Fans frequentieren. Zwar ist hier nichts so rar oder so alt, aber das Angebot umfasst alte Haushaltsgeräte, Schränke, Türen, Fenster und Holzbalken, die ihre ganz eigene Geschichte haben und eine Zierde für jedes Haus sind (1740 W Webster Avenue, www.rebuildingexchange.org).

7 Athenian Candle

Es werde Licht

Die »lambathes« – traditionelle orthodoxe Kerzen – von Athenian Candles haben in den letzten 100 Jahren Tausende Hochzeiten, Taufen und religiöse Feste der griechischen Gemeinde in der Near West Side ins rechte Licht gerückt. Seit seiner Gründung 1922 stellt man in diesem familienbetriebenen Eckgeschäft mit viel Liebe die begehrten konischen Kerzen her.

Chicagos Greektown liegt um einen belebten, vier Blocks langen Abschnitt der Halsted Street herum – von Madison Street bis Van Buren Street. Einst, kurz nach seiner Einwanderung aus Athen, rief Kerzenmacher Themistocles Godelas mit Frau Efthimia sein Unternehmen an der Ecke von West Jackson Street ins Leben – im Zentrum des Trubels.

Die schmucken Lichtquellen werden aus reinem Bienenwachs gefertigt und für ihren romantisch-weichen Schein und ihr langsames, rauchfreies Abbrennen geschätzt. Die handgetauchten Kerzen, die in 12 bis 29 Schritten mit je einer Schicht papierdünnen Wachses ummantelt werden, rangieren in der Höhe von 20 bis 150 Zentimetern. Bei griechisch-orthodoxen Zeremonien gehören sie unbedingt dazu. Bei Taufen umkreisen Kinder das Taufbecken dreimal – mit kleinen Lambathes in der Hand. Bei traditionellen Trauungen halten Braut und Bräutigam je eine Kerze.

Über die charakteristischen Leuchten hinaus führt der Laden auch Öllampen (»kandilia«), Betperlen (»komboloi«) und Hochzeitskronen (»stefani«). »Tamas«, kleine Silberrechtecke, in die jeder nur erdenkliche leidende Körperteil geprägt ist, legt man als Gabe unter Altäre in nah und fern, um Genesungswünsche wirkungsvoll zu Gehör zu bringen. Kurioserweise gibt es hier auch eine große Auswahl an Voodoo-Kerzen, die die Kundschaft von Geldsorgen befreien, einen anständigen Gatten herbeizaubern, einen bösartigen bändigen oder andere lästige Geister bannen sollen. Rituelle Sprays verscheuchen nicht nur unerwünschte Gerüche, sondern reinigen auch das psychische Energiefeld.

Adresse 300 S Halsted Street, Chicago, IL 60661, +1 (312) 332-6988, www.atheniancandle.com | **ÖPNV** Subway bis UIC–Halsted (Blue Line) | **Öffnungszeiten** Mo, Di, Do–Sa 9.30–16 Uhr | **Tipp** Bei Frank S. Kamberos Oral History Project im National Hellenic Museum handelt es sich um die bislang größte Bemühung, die Lebensgeschichten griechischstämmiger Amerikaner aufzunehmen. Zu hören sind sie in der permanenten Ausstellung *Greek Story in America* (333 S Halsted Street, www.nationalhellenicmuseum.org).

8 Die aufgebohrten Schädel

Heilloses Loch im Kopf

Wem nach Gänsehaut zumute ist, der ist im »International Museum of Surgical Science« richtig. Die Exponate widmen sich diversen Aspekten östlicher und westlicher Medizin. Wie wurden Eingriffe, die heute Routine sind – wie etwa Beschneidungen, Knochenschienung, Einläufe –, früher durchgeführt? Das 1954 von Dr. Max Thorek gegründete, faszinierende und auch reichlich gruselige Museum wird Sie sich vor imaginären Schmerzen krümmen lassen, während Sie gleichzeitig Gott für den Fortschritt in der Medizin danken. Die Ausstellungsstücke sind nach Themen oder chirurgischen Disziplinen angeordnet; der Schwerpunkt liegt auf einst schwer zu behandelnden, heute jedoch leicht therapierbaren Leiden.

Von skurrilem Interesse sind die trepanierten Schädel oben im dritten Stock. Diese mitgenommenen Altertümchen illustrieren aufs Schmerzlichste die so archaische wie fehlgeleitete Praxis, Löcher in den Schädel zu bohren, um die Dura Mater freizulegen und so Migräne, Epilepsie, Geisteskrankheiten und andere Malaisen zu lindern, oder um bei einer Kopfverletzung Knochenfragmente zu entfernen. Zugleich nahm man an, so auch jegliche böse Geister vertreiben zu können, die in diesem Korpus hausten, und so schräge Verhaltensweisen ihres Wirts abzustellen. Ob die Menschen, zu denen diese Totenköpfe einst gehörten, die »Trepanation« überlebten oder nicht, ist unbekannt. An aufgebohrten Schädeln des Altertums konnte man jedoch Heilungsprozesse feststellen. Andere Ausstellungsstücke umfassen eine römische Einlaufspritze, eine intakte eiserne Lunge, einen Rollstuhl mit Selbstantrieb aus dem 18. Jahrhundert, eine Knochensäge aus dem Bürgerkrieg, ein Hämorrhoiden-Entfernungskit von der vorletzten Jahrhundertwende, Nierensteine ägyptischer Mumien oder steinalte ägyptische Tafeln, die die Praxis der Beschneidung illustrieren. Das Museum ist in einem Haus aus dem Jahr 1917 beheimatet, das dem Petit Trianon in Versailles nachempfunden ist. Bitten Sie an der Auskunft darum, dass man Ihnen den alten vergoldeten Aufzug vorführt.

Adresse International Museum of Surgical Science, 1524 N Lake Shore Drive, Chicago, IL 60610, Tel. +1 (312) 642-6502, www.imss.org | **ÖPNV** Subway bis Sedgwick (Brown and Purple Line) | **Öffnungszeiten** Di–Fr 10–16 Uhr, Sa, So 10–17 Uhr | **Tipp** Besuchen Sie die nachgebaute Apotheke im Stil der vorletzten Jahrhundertwende und schauen Sie, ob Sie diverse Flaschen von Lydia E. Pinkham erspähen, die einst extrem beliebt waren. Die phantasievollen Zaubertränke, die »weibliche Beschwerden« zu lindern versprachen, enthielten zwar Kräuter – aber vor allem Alkohol, und das nicht zu knapp.

9 Das BDSM-Museum

Eintauchen in eine faszinierende Subkultur

Es beherbergt eine der interessantesten Sammlungen Chicagos und gilt als das erste und noch immer bedeutendste Museum seiner Art. Es verspricht Provokation, Herausforderung und Engagement – und doch wissen nur wenige, dass dieses faszinierende Museum überhaupt existiert. Das »Leather Archives and Museum« taucht tief in die schillernde BDSM-Kultur und -Community ein. Das in Rogers Park gelegene, beinahe 900 Quadratmeter große Gebäude bietet acht Ausstellungen, ein Archiv samt Lagerraum, ein Auditorium, eine Bibliothek und natürlich eine Sex-Höhle vom Feinsten im Keller. Der Schwerpunkt liegt auf Bondage, Disziplin (oder Dominanz), Sadismus und Masochismus und auf der Leder-Subkultur in all ihren glorreichen Spielarten. Viele der hier ausgestellten Schätze markieren das Herauskommen der Subkultur aus der Schmuddelecke – von frühen Schwulenmagazinen bis hin zu der Fahne, die das »Leather Contingent« beim 25. Jubiläum des »Stonewall Riot« in New York City trug.

Die Lederkultur ist ein Abkömmling der Bikerkultur der 1940er, als man sich ganz in Leder kleidete – Schuhe, Mützen, Gurte, Jacken –, um sich vom Mainstream abzugrenzen. Innerhalb der schwulen, lesbischen, bisexuellen und straighten Welten hat sie ganz verschiedene Ausdrucksformen gefunden, am augenfälligsten in den Gay Communitys. Neben dem ersten Leder-Museum kann sich Chicago auch mit dem jährlichen »International Mr. Leather«, dem größte Ledermeeting der Welt, rühmen. Die »Windy City« ist zudem Heimat der ersten Lederbar, der Gold Coast, die ihre Pforten und viele verschlossene Gemüter bereits 1958 öffnete.

Während viele Exponate hier sexlastig sind und entsprechenden Kitzel erzeugen – antike Peitschen, Ketten, Spanking-Maschinen, Handschellen, Vintage-Fetischkostüme –, verfügt das Haus auch über ausgedehnte Archive, die die Geschichte dieser fesselnden Gegenkultur dokumentieren.

Adresse 6418 N Greenview Avenue, Chicago, IL 60626, Tel. +1 (773) 761-9200, www.leatherarchives.org | ÖPNV Subway bis Loyola (Red Line) | Öffnungszeiten Do, Fr 11–19 Uhr, Sa, So 11–17 Uhr | Tipp Das »Touché« heißt bereits seit 1977 Lederliebhaber willkommen und ist bis heute eine der besten Lederfetischbars Chicagos (6412 N Clark Street, www.touchechicago.com).

10 Beyond the Vines

Wo Cubs-Fans in Frieden ruhen

Das Schicksal der »Chicago Cubs«, lange zärtlich die »liebenswerten Loser« genannt, schien es zu sein, bis in alle Ewigkeit die Underdogs des Major League Baseball zu geben. Obwohl das Team hintereinander die Weltmeisterschaften von 1907 und 1908 gewann und nach seinem Titel von 1908 in sieben World-Series-Finals auftrat, zuletzt 1945, schien seine 108 Jahre dauernde Pechsträhne einfach nicht abreißen zu wollen.

Die unerschütterliche Fangemeinde gab ihre Mannschaft jedoch nie auf, und als 2016 die Chicago Cubs die Cleveland Indians schlugen, weinten die Getreuen nach einer über 100-jährigen Wartezeit Tränen des Glücks, brachen in Freudengeheul aus und stürmten die Straßen um Wrigley Field. Einmal Cubs-Fan, immer Cubs-Fan.

Auf dem Bohemian National Cemetery können die Ungestümsten unter ihnen den jüngsten Sieg sowie alle Triumphe der Zukunft sogar im Jenseits mitfeiern. Das Kolumbarium »Beyond the Vines« bietet verstorbenen Cubs-Fans die Möglichkeit, sich hinter einer sieben Meter hohen, efeubewachsenen Mauer, die an die berankte Outfield-Wand des Wrigley Field erinnert, in einer Urne bestatten zu lassen.

Das Cubbie Columbarium war die brillante Idee von Dennis Mascari, der nach einem Besuch des Friedhofs entschied, dass es für Cubs-Fans einen freudvolleren Hintergrund als die langweiligen alten Grabsteine geben müsse. Unbeteiligten mag die Mauer ein wenig gruselig erscheinen – nicht so den Fans. Mascari selbst wurde 2011 in einer der »ewigen Skyboxen« beigesetzt.

Eine Anzeigetafel aus Buntglas, ein kleiner Streifen Erde aus dem Stadion und eine Bank, die angeblich im Großraumbüro der Cubs gestanden hat, verschaffen den nicht totzukriegenden Fans, die hier ruhen, die Möglichkeit, das Jenseits genauso glückselig zu verbringen wie das Diesseits. Stadionsitze laden Besucher ein, der schöneren Zeiten zu gedenken – als man noch gemeinsam dem Spiel folgte.

Adresse Bohemian National Cemetery, 5255 N Pulaski Road, Chicago, IL 60630, Tel. +1 (773) 539-8442, www.friendsofbnc.org | **ÖPNV** Subway bis Irving Park (Blue Line), dann CTA Bus 53 bis Pulaski & Foster | **Öffnungszeiten** Mo–Fr 7.30–15 Uhr, Sa 7.30–13 Uhr | **Tipp** Bürgermeister Anton Cermak, der 1933 ermordet wurde, als ihn eine für Präsident Franklin Roosevelt bestimmte Kugel traf, liegt in einem Mausoleum im Art-déco-Stil auf dem Bohemian National Cemetery begraben. Die Marmorinschrift auf dem Sarkophag gibt die berühmten letzten Worte Cermaks an Roosevelt wieder: »Ich bin froh, dass es mich getroffen hat statt Ihrer.«

11 Die Big Monster Door

Selfie mit Ungetüm

Schon seit Ewigkeiten ist Chicago die Stadt der Spielzeughersteller. Viele der großen Klassiker sind hier gefertigt worden, von Lincoln Logs bis Tinkertoys. Damit nicht genug – die Stadt ist auch groß darin, die begehrten Phantasiewelten für Kinder zu erfinden. Viele der großen Ideen (und Erfolge) des 20. Jahrhunderts stammen von hier, einschließlich Mr. Machine, Lite Brite, Ants in the Pants, Operation, Mystery Date und Simon. Obwohl heute nur noch wenige Fabrikanten übrig sind, sorgt eine Spielzeugfirma – Big Monster Toys – dafür, dass der Spaß in der Stadt bleibt. Insbesondere die Eingangstür steht im Zeichen kindlicher Freuden.

Wer zufällig die Racine Avenue in der Near West Side hinunterschlendert, erschrecke nicht, wenn plötzlich ein haariges grünes Monster durch die Glasscheibe der riesigen Tür starrt. Nähert man sich langsam und vorsichtig, wandelt sich die Welt auf magische Weise. Für ein echtes Erlebnis wie aus »Alice im Wunderland« (und einen großartigen Auftritt auf Instagram) versuche man hochzuspringen und den Türknauf in Monstergröße zu erwischen. Das ach so gruselige Monster bewacht die hochgeheimen Tricks der Spielzeugmacher hinter den Kulissen jenseits der Tür – näher wird man der Werkstatt des Weihnachtsmanns nicht kommen.

Hier werden Prototypen von Spielen und Games für große Namen des Spielwarengeschäfts entworfen, entwickelt und angefertigt – unter anderem Mattel, Moose, Fisher Price oder Hasbro. Fashion Polly Pocket, My Size Barbie, Uno Attack, Bulls-Eye Ball und Hot Wheels Criss Cross Crash kamen hinter der Riesentür zur Welt.

Das Kreativunternehmen wurde 1988 gegründet, als Angehörige der ehemaligen Chicagoer Designfirma Marvin Glass & Associates sich zu Breslow, Morrison, Terzian & Associates (BMT) zusammentaten, später bekannt als Big Monster Toys. Wahrscheinlich haben auch Sie oder Ihre Kinder mit einem der Spielzeuge gespielt, die in diesem spaßigen Gebäude entstanden.

Adresse 21 S Racine Avenue, Chicago, IL 60607, Tel. +1 (312) 829-8679, www.bmttoys.com | **ÖPNV** Subway bis Racine (Blue Line) oder Morgan (Green Line) | **Tipp** Einen roten Wagen in Monstergröße findet man außerhalb des Hauptsitzes von Radio Flyer, einer weiteren Chicagoer Spiele-Kultfirma, die 1917 gegründet wurde (6515 W Grand Avenue, www.radioflyer.com).

12 Das Biograph Theater

Hier starb der Staatsfeind Nummer eins

An einem heißen Sommerabend, dem 22. Juli 1934, machte es sich ein cleverer Gangster im Nadelstreifenanzug und mit flottem Strohhut auf seinem Sitz im klimatisierten Biograph Theater bequem, um sich den neuesten Streifen mit Clark Gable, »Manhattan Melodrama«, anzusehen. Seine beiden Freundinnen schmiegten sich an seine Seite. Dies war kein gewöhnlicher Ganoven-Kinoabend; der schnieke Gentleman hatte einen Polizisten getötet, 24 Banken und vier Polizeiwachen ausgeraubt und war zweimal aus dem Knast ausgebrochen. Irgendwie war es ihm gelungen, ein Jahr lang in vier Bundesstaaten der Polizei zu entwischen. Sogar operieren ließ er sich, um seine Erscheinung zu verändern, und versteckte sich in einem Bordell in der North Side.

Staatsfeind Nummer eins John Herbert Dillinger ahnte jedoch während des Abspanns nicht, dass er binnen Minuten unter der Leuchtreklame des Kinos seinem Schöpfer begegnen würde.

Auf dem Höhepunkt der Großen Depression galt Dillinger als der berüchtigteste aller Gesetzesbrecher. FBI-Direktor J. Edgar Hoover ließ ihn suchen wie einen persönlichen Erzfeind. Seinetwegen entwickelte er sogar raffiniertere Fahndungsmethoden, denn Dillingers Draufgängertum war beispiellos. Seiner Schwäche für die Ladys verdankte er letztendlich den Verrat; es war eine der Frauen an seiner Seite, die gebürtige Rumänin Ana Sage, auch als »Woman in Red« bekannt, die den Agenten den Tipp im Tausch gegen die US-Staatsbürgerschaft zukommen ließ. Als Dillinger das Kino Arm in Arm mit den beiden Mädels verließ, erfolgte der Zugriff. Dillinger zog seinen Colt, Modell 1908 Vest Pocket, und versuchte zu fliehen. Stattdessen lief er in einen Kugelhagel und war auf der Stelle tot. Noch zehn Tage nach seinem Abgang standen ungläubige Gaffer Schlange, um im Leichenschauhaus von Cook County den Toten zu bestaunen.

Nach 90 Jahren als Lichtspielhaus wurde der Laden 2004 vom »Victory Gardens Playwrights Ensemble« gekauft und in ein Live-Theater umgewandelt.

Adresse 2433 N Lincoln Avenue, Chicago, IL 60614, Tel. +1 (773) 871-3000, www.victorygardens.org | ÖPNV Subway bis Fullerton (Brown, Purple und Red Line) | Öffnungszeiten Infos zu Vorführungen und Karten auf der Website | Tipp Zeigen Sie Ihre Eintrittskarte für Victory Gardens bei Sedgwick's Bar & Grill, Tandoor Char House, Twisted Baker und diversen anderen Lokalitäten in der Nähe vor, um Ermäßigungen auf Erfrischungen vor oder nach der Aufführung zu bekommen (www.victorygarden.com/plan-your-visit/area-dining).

13 Die Bocciaplätze

... in Little Italy

Zwischen Geschäftsfassaden und Wohnhäusern, gegenüber dem Lebensmittelladen Conte di Savoia (1438 W Taylor Street), hört man abwechselnd Flüche und Freudengeheul. Die Spieler feuern einander lautstark auf *Italiano* an. Auf diesen beiden öffentlichen Bocciaplätzen liegt die Latte hoch, dennoch ist jedermann jederzeit eingeladen mitzumachen.

Die Taylor Street ist die Hauptverkehrsader im Herzen von Chicagos Little Italy. Einst war dies eine Gemeinde mit engem Zusammenhalt, bis die Entscheidung von 1961, den Eisenhower Expressway und die University of Illinois im »Chicago Medical District« zu bauen, viele Anwohner querbeet in die City oder in die Vororte trieb, weshalb das »Kleine Italien« merklich schrumpfte.

In den letzten Jahren sind jedoch viele Familien in die Gegend zurückgekehrt, da das Viertel massiv gentrifiziert und so aufgewertet wurde. Heute ist Little Italy, das sich um die »Our Lady of Pompeii Church« ausbreitet, wieder ein lebhafter Treffpunkt der Italo-Amerikaner, mit der Taylor Street im Zentrum der Action.

Die Boccia-Partien beginnen mit zwei beliebig zusammengestellten Zweier-, Dreier- oder Vierer-Teams, manchmal ist es auch ein einzelner Spieler. Ein kleinerer Ball, der »pallino«, wird vom einen Ende des Platzes in eine Zone von knapp fünf Metern Länge geworfen, die zweieinhalb Meter von der gegenüberliegenden Seite des Standardplatzes entfernt endet. Nach dem Wurf des »pallino« wechseln sich die Teams ab, um ihm mit ihren »bocce« so nah wie möglich zu kommen. Hier muss man seine eigenen Bälle mitbringen. Die Spiele tendieren zu einer gewissen Hitzigkeit – planen Sie also eine italienische Limo bei Mario's (1066 W Taylor Stree) ein. Noch besser: Lehnen Sie sich auf einer der Bänke zurück und relaxen Sie, während Sie an ihrer Limo nuckeln und beobachten, wie sich die Spiele an einem Frühlingsnachmittag entwickeln, wenn sich hier die besten Bocciaspieler diesseits von Rom tummeln.

Adresse in einem Durchgang gegenüber 1438 W Taylor Street, Chicago, IL 60607 | ÖPNV Subway bis Polk (Pink Line) | Tipp Nach dem Spiel kann man wunderbar mit einem Sub-Sandwich, einem belegten Baguette, von Conte di Savoia wieder auftanken. Bringen Sie einen Picknickkorb mit, und man wird ihn bis zum Rand mit italienischen Sandwiches, Snacks, Desserts und einer Flasche Wein vollpacken (1438 W Taylor Street, Tel. +1 (312) 666-3471).

14 Der Bubbly Creek

Naturwunder

Im frühen 20. Jahrhundert verkam die unberührte »South Fork« (südliche Gabelung) des Chicago River zur Kloake der Union Stock Yards. Die Arbeiter der Schlachthöfe kippten so viel Blut, Gedärme und Fleischabfall in die zuvor idyllische Sumpflandschaft, dass irgendwann Methan- und Schwefelwasserstoffblasen an die Oberfläche blubberten. Die Ufer waren von Tierhaar und Müll gesäumt.

Der Fluss war so verschmutzt, dass Upton Sinclair 1906 in »Der Dschungel«, einem Essay über Chicagos Schlachtindustrie, schrieb: »… der Schmutz hält sich dort in alle Ewigkeit … Blasen aus Kohlensäure steigen zur Oberfläche und platzen dort, was Ringe von einem halben oder einem Meter verursacht …« Der Bubbly Creek war so verdreckt und verschlammt, dass Sinclair sogar entlaufene Hühner beobachtete, die auf der zähen Oberfläche herumstolzierten. Erst 1971, als die Union Stock Yards dichtmachten, entwickelte sich der malträtierte Flussarm ganz allmählich in seinen natürlichen Zustand zurück.

Am besten erkundet man den Bubbly Creek per Kajak. Am neu eröffneten Park 571 Boathouse kann man Kanus oder Kajaks direkt am nördlichen Punkt der Gabelung zu Wasser lassen und der Länge nach südwärts paddeln. Die Pershing Road bildet den Endpunkt.

Während man den Fluss hinunterschippert, staunt man, wie Flora und Fauna sich ihre Heimat zurückerobern. Mit etwas Glück sieht man Stockenten, die durchs Wasser navigieren, elegante Grünreiher, am Himmel segelnde Habichte oder die Spuren von Bibern, die entlang der Ufer an ihrem Bau basteln. Trotz vielfältiger Bemühungen verrät das Flüsschen noch immer deutlich seine schmutzige Vergangenheit. Betonstäbe an den Ufern, Plastiktüten in den Bäumen und aus der trüben Tiefe aufsteigendes Geblubber sprechen eine deutliche Sprache. Obwohl der Weg zur Gesundung noch lang ist, ist es erstaunlich, dass man hier schon entlangpaddeln und Zeichen der Hoffnung finden kann.

Adresse Park No. 571, 2754 S Eleanor Street, Chicago, IL 60608, Tel. +1 (312) 747-6515, www.chicagoparkdistrict.com/parks | ÖPNV Subway bis Ashland (Orange Line) | Tipp Kayak Chicago (Tel. +1 (312) 852-9258, kayakchicago.com) bietet geführte Kajak-Touren auf dem Bubbly Creek an. Wer lieber sein eigenes Kajak mitbringen und unabhängig paddeln will, der nehme den öffentlichen Anlegepier von Park No. 571 am Beginn der South Fork.

15 Der Bughouse Square

Redner und Randale

Wer etwas zu sagen hat, der nehme eine Apfelsinenkiste und eile zum Bughouse Square. Der Platz ist der gefeiertste Ort Chicagos, um improvisierte freie Reden zu halten. Er liegt gegenüber der Newberry Library im erkundenswerten Washington Square Park.

Der rednerfreundliche Platz hat schon Dichter, Denker, Prediger, Aktivisten, Spinner und alle möglichen sonstigen Zeitgenossen erlebt, die etwas Wichtiges, Zeitgemäßes oder Triviales zum Besten zu geben hatten – und zwar seit den 1920ern.

Einst Kuhpfad mit Brunnen für durstiges Vieh, wurde der Washington Square Park im späten 19. Jahrhundert zu jenem ländlichen, pastoralen Park umgestaltet, der er heute ist – mit diagonalen Wegen zwischen manikürten Grünanlagen um einen zentralen Springbrunnen. Zur Glanzzeit dieses Parks in den wilden Zwanzigern stellten Linke hier inoffiziell ihre Podeste auf und brüllten ihre Wahrheiten in die Welt hinaus. Viele der öffentlichen Rhetoriker wurden legendär – darunter die Radikale Lucy Parsons, die die Polizei Chicagos als »gefährlicher denn tausend Randalierer« einstufte, der Anarchist und selbst ernannte Hobo-Doktor Ben Reitman und die Marxistin und Feministin Martha Biegler. Der Name »Bughouse«, mit dem man den Platz bald bezeichnete, verweist deutlich darauf, dass die Öffentlichkeit die frühen Redner als ungeheuerlich empfand. »Bughouse« ist ein Slangausdruck und bedeutet »Irrenanstalt«. Ganz offenbar waren die Redner ihrer Zeit weit voraus.

1964 widmete das Magazin »Life« dem Platz einen Artikel und bezeichnete ihn als Treffpunkt für Schwule und Lesben. Im Juni 1970 zog Chicagos erster »Gay Pride March« vom Park zum Civic Center. Heute organisiert das Bughouse Committee mit Hauptsitz in der Newberry Library noch immer jährliche Rhetorikorgien, die Bughouse Square Debates, die zeitgleich mit einem Büchermarkt der Bibliothek stattfinden. Eine Gedenktafel am Westende des Parks erklärt den Bughouse Square zum »ersten Forum freier Rede in Chicago«.

Adresse 901 N Clark Street, Chicago, IL 60610, www.chicagoparkdistrict.com/parks | ÖPNV Subway bis Chicago (Red Line) | Tipp Die Newberry Library, die der Öffentlichkeit gratis zur Verfügung steht, befindet sich an der Nordecke des Platzes und beherbergt über 1,5 Millionen Bücher, fünf Millionen Manuskriptseiten und 50.000 historische Karten. Fragen Sie nach dem Pelzhandelsvertrag von 1692, in dem sich eine der ersten schriftlichen Erwähnungen eines »Chicagou« findet (60 W Walton Street, www.newberry.org).

16 Das Bürgerkriegsdenkmal

Rußgeschwärzter Glockenturm

Am 8. Oktober 1871 brach um neun Uhr abends in einer kleinen Scheune im Südwesten des Chicagoer Stadtteils Loop ein Feuer aus. Als brennende Holzteile und Funken über den Fluss geblasen wurden und die Flammen auf das schnieke Viertel McCormickville in Near North übergriffen, kam Panik auf. Kurz vor Mitternacht läuteten die Glocken der Saint James Cathedral, um die reichen Anwohner zu warnen, dass ihr Leben in Gefahr war.

Das Feuer schwelte bis in den späten Abend des nächsten Tages. Über 800 Hektar Stadtgebiet waren niedergebrannt, 100.000 der 300.000 Bewohner Chicagos wurden obdachlos. Von der Saint James Cathedral, der ältesten Bischofskirche in Chicago – die Gemeinde entstand 1834 –, überlebten nur die Steinmauern, der Glockenturm und das Civil War Memorial (»Bürgerkriegsdenkmal«) das Feuer. Trotz ihrer furchtbaren Verluste bauten die erschöpften Anwohner, sobald Schutt und Asche fortgeräumt waren, eine provisorische Kapelle, versammelten sich vor dem Denkmal, das ihnen als Behelfsaltar diente, und feierten ihre erste Messe nach dem Brand.

Das kunstvolle Memorial aus viktorianischer Zeit war jenen Gemeindemitgliedern gewidmet, die während des blutigsten Krieges in der Geschichte der USA gekämpft hatten. Das heute in der Vorhalle der Kathedrale aufgestellte Denkmal listet 70 Soldaten auf, die in der Unionsarmee gekämpft hatten; zehn davon kamen um. Eine Plakette an der Nordwand der Vorhalle ehrt Abraham Lincoln, der die Nation durch den Bürgerkrieg führte. Lincoln wohnte 1860 als Präsidentschaftskandidat der Republikaner einem Gottesdienst in Saint James bei. Vier Jahre nach dem Feuer, ab dem 9. Oktober 1875, konnten die Messen in der wiederaufgebauten Kathedrale gefeiert werden, wo sie bis heute stattfinden. Bemerkenswert ist der Glockenturm, der den Flammen trotzte. Seine rußgeschwärzten Steine zeugen noch von dem verheerenden Brand, dem schlimmsten Unglück in der Geschichte Chicagos.

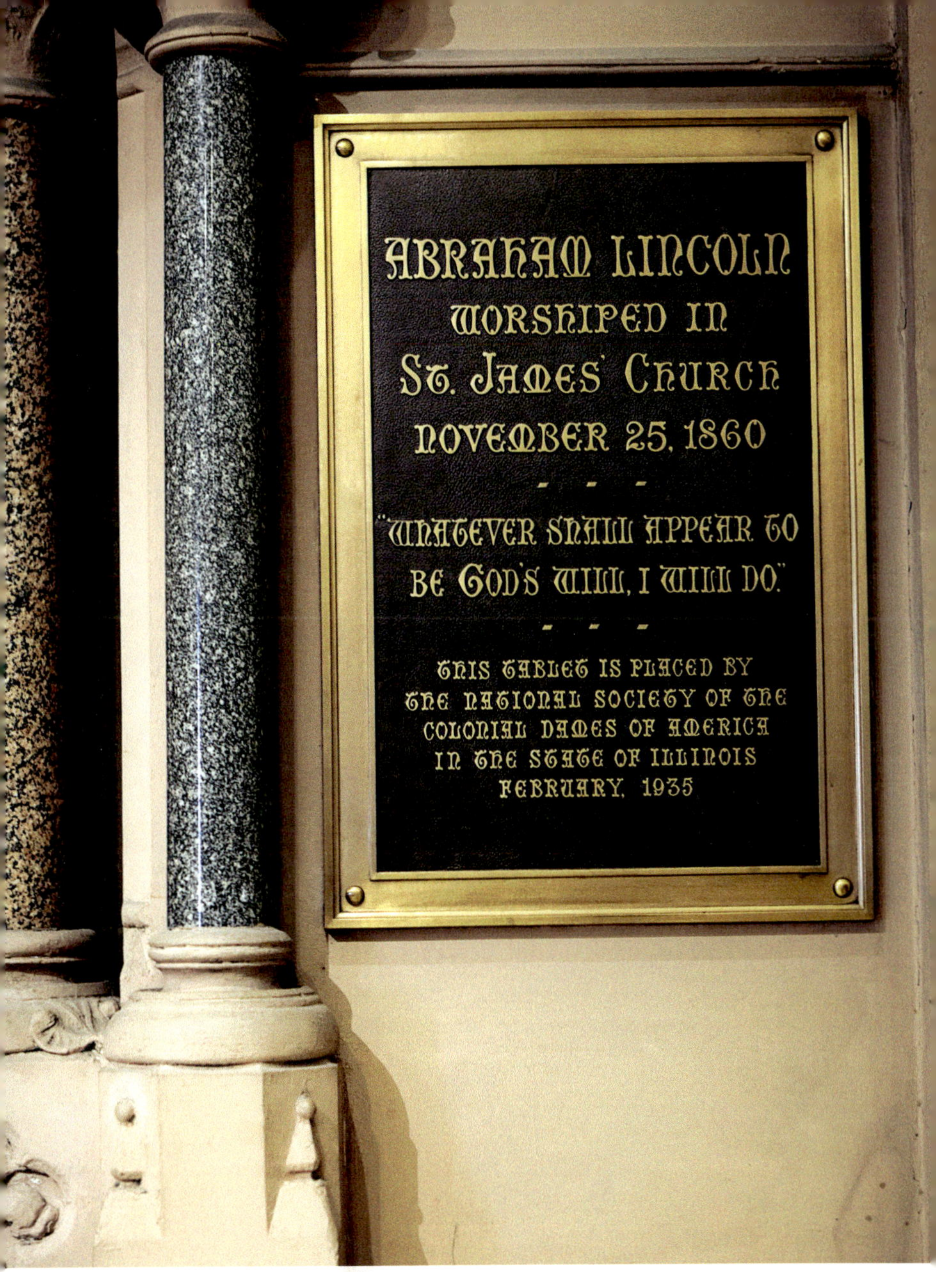

Adresse 65 E Huron Street, Chicago, IL 60611, Tel. +1 (312) 787-7360, www.saintjamescathedral.org | ÖPNV Subway bis Chicago (Red Line) | Öffnungszeiten Mo–Fr 8.30–17.30 Uhr, So 8–14 Uhr | Tipp Nehmen Sie sich einen Moment Zeit für den inneren Frieden, indem Sie das verborgene Labyrinth der Kirche ablaufen. Es liegt unter freiem Himmel auf der oasenhaften Plaza neben Saint James, an der Ecke von Huron Street und Rush Street.

17 Calumet Fisheries

Frittiertes vom Feinsten

Wer kann schon jene Szene aus dem Kultfilm von 1980 vergessen, in der die »Blues Brothers«, »Joliet« Jake and Elwood Blues, mit ihrem schrottreifen Streifenwagen über die offene Klappbrücke der 95th Street springen? Bei Calumet Fisheries, an ebendieser beweglichen Brücke an den Ufern des stark industrialisierten Calumet River in South Deering gelegen, war man Zeuge, als die Szene gedreht wurde. Die Fischbude hat seit den 1920ern mehr Kohlenfisch, Lachs, Stör und weitere köstliche Meeresfrüchte geräuchert, als man an zehn fettigen Fingern aufzählen kann – lange bevor hier die Blues Brothers aufschlugen.

Als eines der beiden Räucherhäuser, denen es noch gestattet ist, Holz zu verbrennen und ihren Fisch in der Stadt zu räuchern, verarbeitet der Familienbetrieb mit Tradition alles Geeignete vor Ort, schürt das Feuer und das Aroma mit Eichenholz und verwendet niemals Flüssigrauch oder andere industrielle Ersatzstoffe.

Bevor er im »smoker« landet, wird der Fisch über Nacht mariniert. Viele Kunden schwören auf die goldbraunen, süßlich geräucherten Stücke; beim knoblauch- und pfeffergeräucherten Lachs wird ihnen der Mund wässrig. Probieren Sie auch »smelt«, eine Spezialität des Mittleren Westens. Bei diesen fingergroßen Fischen handelt es sich um Neozoen, die es in den 1920ern irgendwie von Michigans Crystal Lake in den Lake Michigan schafften.

Das Räuchergut macht nur die eine Hälfte der bodenständigen Karte aus. Die andere besteht aus frittiertem Fisch, besonders Wels, Muschelstreifen, Froschschenkeln und Shrimps. Als Beilagen gibt es – ebenso fettige – Fritten, Zwiebelringe, Pilze und Pickles. Cracker kosten nur 55 Cent. Erwarten Sie kein Etepetete-Menü, Tische oder gar Toiletten. Hier ist alles strikt zum Mitnehmen. Machen Sie es wie die meisten und verspeisen Sie die guten Sachen sofort im geparkten Auto. Wenn Sie Glück haben, wird die Brücke hochgezogen. Aber erwarten Sie keinen weiteren Blues-Brothers-Stunt!

Adresse 3259 E 95th Street, Chicago, IL 60617, Tel. +1 (773) 933-9855, www.calumetfisheries.com | ÖPNV Zug bis South Chicago (93rd) (Metra Electric Line) | Öffnungszeiten So–Mi 10–21.45 Uhr, Do 9–21.30 Uhr, Fr, Sa 9–21.45 Uhr | Tipp Sie möchten Ihren eigenen Fisch fangen und räuchern? River Park, am Chicago River in der N Francisco Avenue 5100 nahe Foster Avenue gelegen, ist einer der besten Angelplätze der Stadt. Sie brauchen eine Angelerlaubnis von Illinois, die Sie online erwerben können unter www.dnr.illinois.gov.

18 Die Calumet-Kläranlage

Jenseits der Toilettenschüssel

Vor 150 Jahren wurde Abwasser einfach in den Chicago River oder den Lake Michigan gekippt, was Trinkwasser und Heideland der frühen Chicagoer bedrohte. Dank des Genies einiger Ingenieure wurde unsere Stadt vor einem Endschicksal als verdreckte Großkloake bewahrt.

Bei einer Tour durch die »Calumet Water Retention Plant« erfährt man aus erster Hand, wie Chicago die Wasseraufbereitungsmethoden revolutionierte. Hier wird man Zeuge, wohin jedermanns Hinterlassenschaften in der Toilettenschüssel verschwinden und was mit dem Wasser geschieht, das durch die Rohre der Häuser fließt.

Dem Metropolitan Water Reclamation District, der 1889 durch ein Gesetz des Illinois General Assembly District zunächst unter dem Namen »Sanitary District of Chicago« gegründet wurde, kommt das Verdienst zu, die Fließrichtung der Flusssysteme Chicago und Calumet River umgekehrt zu haben. Bis heute schützt der District den Lake Michigan, die Wasserquelle der Stadt, vor Verunreinigung, er bewahrt Geschäfte sowie Eigenheime vor Flutschäden und managt die entscheidende Ressource menschlicher Zivilisation: das Wasser.

Die sieben Klärwerke verarbeiten Abwässer aus Wohn- und Industriegebieten, während sie gleichzeitig unsere Seen und Flüsse von toxischen Substanzen und gefährlichen Chemikalien frei halten. Täglich bereiten diese nimmermüden Werke Wasser auf, pro Tag verarbeiten sie 1,8 Milliarden Liter Abwasser.

Die Tour durch das Werk zeigt Ihnen den gesamten Betrieb rund um die schweren Maschinen – von den Gittern, die Lumpen und große Steine aussieben, bis zu den gigantischen Fässern, die Schlamm von Flüssigkeit trennen. Während des Rundgangs steigen interessante Gerüche auf, doch dank dieser Anlage bleibt Chicago sicher und gesund. Auch in der Ressourcenrückgewinnung wird Pionierarbeit geleistet. Bis 2023 will man energieneutral arbeiten und nicht nur Wasser, sondern auch Klärdünger, Algen für Biokunststoffe und Phosphor als Düngemittel bereitstellen.

Adresse 400 E 130th Street, Chicago, IL 60628, Tel. +1 (312) 751-6635, www.mwrd.org | **ÖPNV** Subway bis 95th/Dan Ryan (Red Line), dann CTA Bus 34 bis 130th Street & Daniel Drive | **Öffnungszeiten** Führungen Mo–Fr 9–13 Uhr; etwa zwei Stunden einplanen | **Tipp** Für eine Führung anmelden können Sie sich unter Tel. +1 (312) 751-6633 oder der E-Mail-Adresse tours@mwrd.org. Jeder über 18 Jahre muss für den Sicherheitscheck einen Scan oder eine Fotokopie seines Ausweises oder Passes dabeihaben und ihn am Tag der Tour vorzeigen. Tragen Sie lange Hosen und robustes Schuhwerk.

19 Das Chicago Motor Club Inn

Hoteldenkmal mit Gaspedal

Das grandiose Gebäude des Chicago Motor Club ist der schönste Art-déco-Wolkenkratzer der Stadt. Als es am 28. Januar 1929 feierlich eröffnet wurde, sprach ein Reporter der »Chicago Tribune« von einem »Denkmal für den Fortschritt der Motorisierung«. Das von der Architektenfirma »Holabird and Root« errichtete Gebäude stand 2004 leer und war vom Verfall bedroht. Zum Glück nahm sich das Hampton Inn des Schmuckstücks an, sanierte es vollständig und verwandelte es in ein traumhaftes Hotel, das Chicagos ehemaligen Tempel der modernen Pferdestärken ehrt. Gegründet wurde der Chicago Motor Club von Automobil-Enthusiasten, die das Interesse an Autotouren und -rennen teilten. Später ging der Club in der American Automobile Association (AAA) auf, man förderte den Autoverkehr, indem man Karten, Reiseführer und Hotelguides herausgab. Der Club bot Besuchern die Möglichkeit, ihre nächste große Reise mittels »TripTiks« zu planen – Karten, die Tipps enthielten, wo entlang der Highways man essen oder übernachten konnte.

Das sechs mal neun Meter große Wandbild einer Straßenkarte des Chicagoer Künstlers John Warner Norton ziert noch heute die herrschaftliche, zwei Etagen umfassende Lobby. Besucher des Motor Clubs studierten das Wandgemälde und entwarfen in ihren Köpfen umfängliche Reisepläne zu ihrem Wunschziel, indem sie den grauen Linien folgten oder den 19 nationalen Highways. Ein original Ford Modell A von 1928 – der erste Ford, der dem Fahrer die Standard-Bedienung mit Bremspedal, Gashebel und Gangschaltung bot – prunkt eindrücklich auf dem Zwischengeschoss. Vom Moment des Eintretens an »wissen Gäste sofort, dass dieses Gebäude sehr besonders ist«, schwärmt der Generaldirektor des Hotels. »Das große Wandbild ist ein echter Hingucker. Wir lieben es, Besuchern die Historie des Hauses und seine Verbindung zur Stadt und zur AAA nahezubringen.«

Adresse 68 E Wacker Place, Chicago, IL 60601, Tel. +1 (312) 419-9014, www.hamptoninn3.hilton.com | ÖPNV Subway bis State/Lake (Brown, Orange, Purple, Green und Pink Line) | Tipp Probieren Sie das »Giggle Water« (Kicherwasser, die Tarnbezeichnung für Alkohol während der Prohibition), ein Cocktail mit Gin, Rum, Tonic, Zuckersirup, Limette und Petersilie nebst einem Spritzer Bourbon, in Jack's Place, der Lobby-Bar.

20 Chicago Underground Comedy

Clownerien und Ladykracher

Am berühmt-berüchtigten Dienstagabend übernehmen Chicagos schrille Comedians die Bühne im Lakeview's Beat Kitchen in einem Punkrock-Setting. Die Veranstaltung nennt sich »Chicago Underground Comedy«, besser bekannt als »ChUC«, und ist die zweitälteste Indie-Geheimtipp-Show der Stadt. Ganz im Zeichen des Schrägen stehend, bieten die Abende stets einen Sketch, Varietédarbietungen, Stand-up-Comedy-Einlagen mit pikanten, in jeder Hinsicht gewagten Tönen und eine Nummer, die man mit Worten nicht einmal ansatzweise beschreiben kann.

Mit Tickets für sagenhafte fünf Dollar ist ChUC eine einzigartig preiswerte Ausgeh-Gelegenheit. Ein Prozent des Erlöses geht an ChUC-eigene wohltätige Organisationen im Viertel, was die tollen Vibes um ein gutes Gewissens bereichert.

Seit 2005 hat ChUC sowohl einige der cleversten und innovativsten Geister der Branche hervorgebracht als auch einen Ort für Comedians geschaffen, die einfach Spaß haben, vor Publikum aufzutreten, aber nicht notwendigerweise perfekte zehn Minuten abfackeln wollen. Alle haben sie auf dieser kleinen Bühne gestanden, von T. J. Miller bis Cameron Esposito, von Kyle Kinane bis Hannibal Buress, von Beth Stelling bis Kumail Nanjiani.

Als Oase der Alt-Comedy ist ChUC stolz auf den Ruf als Spielwiese für Talente. Alberne Scherze, schrullige Mätzchen und althergebrachte Narreteien sind allesamt willkommen. Diese Spielwiese hat sich auch der Vielfalt verschrieben: Frauen, Farbige und die LGBT-Community sind selbstverständlicher Teil der Line-ups. Man plane ein, ein paar Lacher gegen Tränen zu tauschen, denn der letzte Dienstag des Monats ist »Comedy Secrets« gewidmet, einer Show der Geständnisse und traurigen Offenbarungen. Die Show beginnt jeden Dienstagabend um 21.30 Uhr im Beat Kitchen und spielt meist vor vollem Haus.

Adresse Beat Kitchen, 2100 W Belmont Avenue, Chicago, IL 60618, www.chicagoundergroundcomedy.com | **ÖPNV** Subway bis Belmont (Red und Blue Line), dann CTA Bus 77 bis Belmont & Hoyne | **Öffnungszeiten** Di 21.30 Uhr, Einlass ab 21 Uhr | **Tipp** Beat Kitchen serviert während der ChUC herzhafte Mahlzeiten im Kneipenstil. Belegen Sie Ihre eigene Pizza oder stürzen Sie sich auf den würzigen Mac'n'Cheese, während Sie die Show genießen. Probieren Sie auch den hausgemachten Schokoladenkuchen (www.beatkitchen.com).

21 Chris's Billiards

Schnelle Tische

»Nicht das, was neu ist, ist großartig«, rühmt sich Chris's Billiards, »großartig ist das, was nicht neu ist.« In der Tat: Es hat sich nicht viel geändert, seit Martin Scorsese dieses Kleinod in Portage Park betrat und es zur Kulisse seines zeitlosen Billarddramas »Die Farbe des Geldes« erkor.

Als Produktionsleiter Dodie Foster in Kanada ankam, wo der Film ursprünglich gedreht werden sollte, war er enttäuscht, meist nur Snookertische vorzufinden. Also brachte er Scorsese in seine Heimatstadt Chicago und geleitete ihn die lange Treppe hoch, die in Chris's Billiards' zweiten Stock führt. Dutzende gerahmte Fotografien von Teilnehmern der Championships an den Wänden machten klar, dass es sich hier um eine Pool-Halle für Profis handelte. Scorsese castete das Etablissement als jene Halle, in der Pool-Crack Fast Eddie Felson (Paul Newman) den jungen Vincent Lauria (Tom Cruise) zum Billardstar aufbaut.

Chris's ist ein Ort für Spieler geblieben, die kleine Preise und lebhaften Wettbewerb schätzen; ein idealer Ort auch, um das Handwerkszeug zu lernen. 40 Tische – zehn Pooltables von sieben Fuß, 29 von neun Fuß und einer von zwölf Fuß – sprechen sowohl Amateure als auch Profis an. Wer nicht spielt, setzt sich und lässt das Turnier aufmerksam an sich vorbeiklackern. Die Turniere mit Barpreisen von bis zu 5.000 Dollar zogen schon die besten Poolbillardspieler aus aller Welt an – einschließlich des Worldchampions von 1994, Sang Lee. Hier kann man sowohl an der Seite der Profis spielen als auch gegen sie antreten. Der zusätzliche Bonus: Man bringt sich seine eigenen Getränke mit (»BYOB«). Ein muffiger Geruch liegt in der Luft, die Filzbeläge der Tische sind abgewetzt, die Stuckwände haben über die Jahre schwadenweise Zigarettenrauch abbekommen. Aber dies sind die Insignien des Real Deals: Die Tische spielen sich schnell, und nichts hält den Side-Spin auf, mit dem man die weiße Kugel anstößt.

Adresse 4637 N Milwaukee Avenue, Chicago, IL 60630, Tel. +1 (773) 286-4714, www.chrissbilliards.com | **ÖPNV** Subway bis Jefferson Park (Blue Line) | **Öffnungszeiten** Mo–So 9–2 Uhr | **Tipp** Das Ed Paschke Art Center (5415 West Higgins Avenue, Chicago, IL 60630, www.edpaschkeartcenter.org), wenige Meter entfernt von Chris's Billiards, stellt die kultigen Meisterwerke des international gefeierten Pop-Art-Künstlers aus – unter anderem auch »Accordion Man« (1969). Paschke wurde in Chicago als Sohn polnischer Immigranten geboren und erlangte große Bekanntheit in den späten 1960er Jahren als Teil der Künstlergruppe Imagists.

22_Cindy's Rooftop

Jede Stunde eine Happy Hour

Wer sich Chicagos schönste Menschen ansehen möchte, findet sie auf der Terrasse von Cindy's Rooftop, dem glänzenden, stahlgerahmten Kronjuwel, das hoch droben über dem Chicago Athletic Association Hotel thront. Dank der Instagram-würdigen Aussicht auf Millennium Park, Michigan Avenue und Lake Michigan ist diese Open-Air-Terrasse mit dem dazugehörigen Sonnendach-Restaurant eine – wenn nicht *die* – Location zum Sehen und Gesehenwerden. Besonders gilt dies im Sommer, wenn die Beachhouse-Vibes und das Sonnenlicht Chicagos strahlendste, reizendste und charmanteste Persönlichkeiten im Sommerdress aufs Dach locken, um sich bei Happy-Hour-Ambiente unters Volk zu mischen.

Cindy's Rooftop krönt das elegante Gebäude im Stil venezianischer Gotik – entworfen von Henry Ives Cobb, fertiggestellt 1893. Einst beherbergte es die elitäre Chicago Athletic Association. Marshall Field, Cyrus McCormick und William Wrigley haben sich hier sportlich ausgetobt und Partys gefeiert. 2007 wurde das 122 Jahre alte, elfstöckige Gebäude komplett saniert und in ein Luxushotel mit 241 Zimmern verwandelt. Die Rooftopbar des Gebäudes, das einst ein Club nur für Männer war, wurde nach der Chicagoer Wohltäterin Cindy Pritzker benannt.

Der Hauptsaal mit seinen langen Picknicktischen und -bänken aus Kirschholz ist entzückend romantisch gehalten und dazu designt, das Plaudern anzuregen, während man bei Saison-Gerichten im warmen Leuchten der Lichterketten sitzt, die vom Dach herabhängen. Wem nach einer Liebesaffäre mit Chicago ist, der begebe sich auf die Terrasse, die an heißen Sommertagen im Sonnenschein schier ertrinkt, nachts im Mondschein geschäftig glitzert oder in den kühlen Monaten von gemütlichen Feuern gewärmt wird. Kommen Sie mittwoch- oder samstagabends im Sommer her, wenn am Navy Pier Feuerwerke den Nachthimmel erhellen. Der spektakuläre Blick wird Ihnen jederzeit den Atem rauben.

Adresse 12 S Michigan Avenue, Chicago, IL 60603, Tel. +1 (312) 792-3502, www.cindysrooftop.com | **ÖPNV** Subway bis Monroe (Red Line) | **Öffnungszeiten** Mo–Fr 11–1 Uhr, Sa 10–2 Uhr, So 10–0 Uhr | **Tipp** Besuchen Sie Cindy's Rooftop, wenn das Feuerwerk am Navy Pier gezündet wird: mittwochs um 21.30 Uhr und samstags um 22 Uhr, den ganzen Sommer hindurch, von Memorial Day bis Labor Day.

23 Das Clarke House

Ein Haus als Überlebenskünstler

Ein echter Überlebenskünstler – 188 Jahre hat das Haus auf dem Buckel und steht noch immer. Es steckte mehrere Brände weg, sah die Cholera innerhalb seiner Wände wüten, wurde aus seinen Grundfesten gerissen, über die Gleise der »Chicago L«, der Hochbahn, versetzt und zweimal an neuer Stelle wiederaufgebaut. Es war auch Zeuge des finanziellen Ruins seines Besitzers. Manche der eleganten Zimmer wurden als Schlachträume genutzt. Zwei Wochen hing es in der Luft, als das hydraulische Equipment während des Standortwechsels von 1977 im eisigen Winter einfror.

Eigentümer Henry B. Clarke, ein gebürtiger New Yorker, der 1835 nach Chicago kam und sich durch Waffen-, Schuh- und Lederverkäufe hervortat, war einer der ersten wohlhabenden Siedler, die südlich des Flusses bauten. 1836 breitete sich sein Gehöft samt Ländereien, wo er mit Frau Caroline sechs Kinder großzog, über gut acht Hektar aus (heute Michigan Avenue und 16th/17th Street). Das klassizistische Anwesen mit seinen dorischen Säulen spiegelt die Besessenheit der Epoche von der Antike wider.

Als die Wirtschaftskrise von 1837 zuschlug, ging Bankrotteur Clarke auf seinen Ländereien jagen. Einige Salons wurden für die Fleischverarbeitung genutzt. 1849 starb Clarke an der Cholera. Seine junge Witwe verkaufte sieben Hektar des Landes und fügte der Villa ein Belvedere an – ihr ganz persönlicher Touch.

Nach Carolines Tod erlebte das Haus zwei hochgradig vermurkste Verlegungen, zunächst in die South Wabash Avenue 4536 und schließlich, in einer bitterkalten Dezembernacht, an seinen aktuellen Standort, nur ein paar Blocks von seiner ursprünglichen Adresse entfernt.

Heute gestattet das Haus Einblicke in das Leben einer Chicagoer Familie des Mittelstands vor dem Bürgerkrieg. Es ist leicht, sich vorzustellen, wie die Clarkes sich am Kamin in der Wohnstube versammelten, am Hammerflügel Lieder sangen oder durch den Garten spazierten.

Adresse 1827 S Indiana Avenue, Chicago, IL 60616, Tel. +1 (312) 744-3316, www.cityofchicago.org | **ÖPNV** Subway bis Cermak-Chinatown (Red Line) | **Öffnungszeiten** Führungen Mi, Fr und Sa 13 und 14.30 Uhr | **Tipp** »Chicago Women's Park and Gardens« neben dem Clarke House würdigt die Leistungen von Frauen in der Chicagoer Stadtgeschichte (1801 S Indiana Avenue, Chicago, IL 60616, www.chicagoparkdistrict.com/parks/chicago-womens-park-and-gardens). Eine Reihe von Skulpturen granitener Hände, eine Arbeit mit dem Titel »Helfende Hände« von Louise Bourgeois, zollt der Pionierin der Sozialreformen Jane Addams (1860–1935) Tribut.

24 Das Couch Mausoleum

Auf gesegnetem Grund

Wer durch den herrlichen Lincoln Park mit seinen Blumen, grünen Feldern, Teichen und Spazierwegen flaniert, wird kaum glauben, dass Tausende Menschen unter seinen Füßen begraben liegen. Und doch diente die Südspitze dieses Uferparks einst als Stadtfriedhof. Während des späten 19. Jahrhunderts beerdigte Chicago seine Toten hier auf den vielen kirchlichen Gottesäckern und in privaten Grabstätten, während Potter's Field, dort gelegen, wo sich heute das Baseballfeld befindet, die Seelen der Mittellosen aufnahm.

Erst 1864, nachdem ein Arzt es für zu unsicher erklärt hatte, die Toten so nah am See zu bestatten, wo Körperflüssigkeiten und Bakterien leicht aus den Gräbern zum Grundwasserspiegel hinabsickern konnten, entschieden Stadtoffizielle, die Toten umzubetten und diese friedvolle Landschaft in einen Park zu verwandeln. Viele der Verschiedenen kamen auf anderen Friedhöfen unter, es war jedoch zu teuer, das Couch Mausoleum mit seinen schweren, mit Bronzenieten fest zusammengeschweißten Steinen umzusiedeln.

Ira Couch kam 1836 aus New York nach Chicago. Den gelernten Schneider machten kluge Land- und Immobilienkäufe zu einem der ersten Millionäre Chicagos. Er starb 1857 auf einem Kuba-Urlaub; seine Leiche wurde nach Chicago transportiert, wo er in diesem eisenumzäunten Mausoleum zur Ruhe gebettet wurde. Nur sein Familienname war auf dem Eingang der Gruft zu lesen. Auch weitere Mitglieder der Sippe wurden hier später beigesetzt, niemand weiß jedoch so genau, wer bis in alle Ewigkeit neben Ira ruht.

1998 buddelten Arbeiter im Lincoln Park auf dem Grundstück, auf dem eine neue Tiefgarage für das Chicago History Museum entstehen sollte (1731 N Clark Street), und entdeckten über 80 menschliche Überreste, darunter eine perfekt erhaltene Leiche in einem versiegelten Eisensarg aus dem 19. Jahrhundert. Ob Ira Couch nun allein in seinem Mausoleum ruht oder nicht: Viele seiner Zeitgenossen liegen noch im umgebenden Park begraben.

Adresse Südwestecke des Lincoln Park, nahe N Clark Street und W LaSalle Drive, Chicago, IL | ÖPNV Subway bis Sedgwick (Brown und Purple Line) | Tipp Ein Block aus Wisconsin-Granit nahe N Clark Street und Wisconsin Street markiert das Grab von David Kennison – der einzige weitere sichtbare Hinweis auf die Friedhofsvergangenheit des Parks. Auch wenn viele Kennisons ungeheuerliche Behauptungen anzweifeln, erklärte er sich zum letzten Überlebenden der Boston Tea Party, outete sich als Spitzel für George Washington und als Überlebender sowohl des Battle of Bunker Hill als auch des Massakers bei Fort Dearborn – und die patriotische Frauenorganisation »Daughters of the American Revolution« ist da ganz seiner Ansicht. Eine Plakette auf dem Block attestiert ihm, das biblische Alter von 115 Jahren, drei Monaten und 17 Tagen erreicht zu haben.

25 Doughnut Vault

Hol sie dir, wenn sie noch heiß sind

Wer frühmorgens – ob im Regen, Schnee, bei Graupel oder Sonnenschein – die Franklin Street in River North entlangspaziert, wird eine Schlange bemerken, die vor der Tür eines kleinen Geschäfts wartet. Ganz gleich, wie lang die Wartezeit, ganz gleich, ob das Wetter mitspielt: Die Chicagoer tun alles, um hier einige der fluffigen frischen Doughnuts abzustauben. Der Duft der süßen Leckereien und des heiß gerösteten Kaffees zieht die Leute zu Doughnut Vault wie die Bienen zum Honig.

Seit Frühjahr 2011 mischt man hier beim Doughnut-Hype mit und bietet handgemachte Versionen von traditionellen Rezepten und neue Kreationen. Drei Doughnuts stehen immer auf der Karte draußen vor der Tür: das tunkbare Buttermilch-Teil alter Schule, der Lebkuchen-Doughnut, der leichter ist als Luft, und der schlichte mit einer Glasur in Kastanien-, Vanille- oder Schokoausführung. Es gibt immer auch eine oder zwei Extra-Überraschungen der Saison. Im Sommer etwa Erdbeer-Kirsch, im Herbst Kürbis oder Applecider-Streusel. Kastaniencreme- und Mokka-Haselnuss-Knusper-Doughnuts wärmen an kalten Wintertagen die Bäuche, während im Frühjahr Zitrone mit Mohn die Geschmacksknospen einstimmt. Diese Doughnuts – die sich rühmen, die besten der Stadt zu sein, wenn nicht der ganzen USA – werden in kleinen Mengen frisch gebacken. Vergessen Sie nicht, eine Tasse Metropolis-Röstkaffee mitzunehmen, den perfekten Doughnut-Tunk-Begleiter.

Eine antike Registrierkasse aus Messing bongt Bestellungen auf althergebrachte Art und arbeitet die Menschenschlange stetig ab. Sitzen kann man in diesem 1,50-mal-3-Meter-Büdchen aus Ziegel und wiederverwertetem Holz nicht; draußen jedoch wartet ein Gemeinschaftstisch auf alle Gierigen, die es nicht bis nach Hause schaffen. Der frühe Vogel fängt hier den Doughnut, denn sobald ausverkauft ist, schließt der Laden für den Tag, manchmal schon eine Stunde nach Öffnung.

Adresse 401 N Franklin Street, Chicago, IL 60654, Tel. +1 (312) 285-2830, www.doughnutvault.com | **ÖPNV** Subway bis Merchandise Mart (Brown und Purple Line) | **Öffnungszeiten** Mo – Fr 8 Uhr bis Ausverkauf, Sa, So 9.30 Uhr bis Ausverkauf | **Tipp** Infos zur Tageskarte und zum Standort des »Vault Van«, eines Retro-Food-Trucks, der mit Doughnuts und Kaffee durch die Stadt tingelt, auf Twitter: @doughnutvault.

26 Die Dovetail Brewery

Die Magie hinterm Gerstensaft

In einer versteckten Ecke der Belle Plaine Avenue weht wilde Hefe durch ein Fenster im dritten Stock der Dovetail Brewery und verwandelt durch Spontangärung auf magische Weise Wasser in eines der besten Lambic-Biere Chicagos. Das sublime Pils im deutschen oder Wiener Stil, das bayrische Hefeweizen oder das fränkische Rauchbier werden mit den traditionellen Methoden kleiner Familienbrauereien Europas gebraut. Das Wasser wird gefiltert und für jedes Bier eigens aufbereitet, das Malz stammt aus speziellen Mälzereien in Franken und der Weizen von Farmern im Umkreis von 300 Kilometern.

Die Gründer Hagen Dost und Bill Wesselink, beide aus Chicago, lernten sich in München an einer Bierakademie kennen und kehrten mit dem Vorhaben nach Chicago zurück, exzellentes Bier zu brauen, mit einer ähnlichen handwerklichen Kunstfertigkeit, wie man sie noch bei traditionellen Tischlern findet. Ihre Brauerei erhielt daher den Namen »Dovetail« nach der Schwalbenschwanzverbindung, einem klassischen Symbol handwerklicher Qualität.

Bei einer der Samstags-Führungen sehen Sie, wie sich das Bier ins Leben perlt. Sie probieren das Malz, fühlen den Hopfen zwischen den Fingern und schauen sich alles an – vom über 120 Jahre alten Kupfermaischebottich aus der 1.000 Jahre alten deutschen Pionierbrauerei Weihenstephan bis zum exzellenten, gewissermaßen maßgefertigten belgischen »Koelschip«, eines wesentlichen Instruments der Lambic-Herstellung. Überdies darf man beim Rundgang durch die gut 2.000 Quadratmeter große Anlage drei Biere verkosten. Mit ein wenig Glück führt Sie ein stolzer Hagen Dost durch die Brauerei. Außerhalb der Brauerei ist es gar nicht so einfach, die gefragten Spezialbiere zu bekommen. Dovetail vertreibt seinen Gerstensaft in kleinen Fässchen selbst und konzentriert sich dabei auf die großen Bierlokale Chicagos und weitere Lokale in der direkten Umgebung im Umkreis von drei Kilometern. Der Zapfraum der Brauerei ist familien- und hundefreundlich, und Gäste dürfen sich ihr Essen selbst mitbringen (BYOF).

Adresse 1900 W Belle Plaine Avenue, Chicago, IL 60613, Tel. +1 (773) 683-1414, www.dovetailbrewery.com | ÖPNV Subway bis Irving Park (Brown Line) | Öffnungszeiten Führungen Sa 11 Uhr; Tap Room (Zapfraum) Di – Do 14 – 22 Uhr, Fr 12 – 23 Uhr, Sa 11 – 23 Uhr, So 10 – 20 Uhr | Tipp Jede Woche rollen Food-Trucks an den Straßenrand der Brauerei und versorgen die fröhlichen Zecher mit herzhafter Kost. Food-Truck-Termine und mehr auf: www.dovetailbrewery.com/events.

27 Fantasy Costumes

Mut zur Maske

Sie brauchen ein Gorillakostüm? Eine Latexmaske des korrupten Gouverneurs Rod Blagojevich? Einen Kopfputz, um sich in die Grinsekatze »Cheshire Cat« zu verwandeln? Einen Schnurrbart zum Ankleben? Eine George-Washington-Perücke im Kolonialstil? Netzstrümpfe, die auch einer 150-Kilo-Person passen? Fantasy Costumes hat alles parat. Dieser erstaunliche überdimensionale Laden im historischen Einkaufsviertel Six Corners bietet einen ganzen City-Block mit über einer Million schriller, phantasievoller Kostüme sowie Perücken, Masken und Make-up für jeden Anlass und jede Jahreszeit.

Was als kleiner Perückenladen begann, wandelte sich zu einem der größten Kostümgeschäfte der Welt. Inhaber George Garcia übernahm einen Laden nach dem anderen an diesem Abschnitt der Milwaukee Avenue und häufte ein Inventar an, das der Kundschaft verspricht, sie von Kopf bis Fuß für jede Art von Maskerade einzukleiden. Es entstand ein Kaufhaus der flamboyanten Verkleidungen (mit einer Fläche von 1.700 Quadratmetern), das dem Suchenden garantiert zum Hingucker des Abends verhilft. Mit Tausenden neuer Artikel, die jedes Jahr hinzukommen, verliert man sich leicht in all dem Klimbim, der, vom Boden bis zur Decke, jede Ecke und jeden Winkel füllt.

Während der Halloween-Saison im Oktober, die für 40 Prozent des jährlichen Umsatzes sorgt, kann es besonders schwierig werden, sich einen Weg durch die überfüllten Räume zu bahnen, von denen sich jeder einem Kostümelement widmet. Das gewitzte Team jedoch, das auch dafür bekannt ist, schon mal hinter Kisten hervorzuspringen und Kunden zu erschrecken, wird schon die richtige Richtung weisen. In den zwei Wochen vor dem National-Horrortag ist 24 Stunden am Tag geöffnet.

Hier findet jeder das Handwerkszeug, um seine skurrilsten Phantasien auszuleben. In den letzten 50 Jahren hat sich die Devise des Ladens nicht geändert: »Wir möchten dabei helfen, Spaß zu haben. Und es ist völlig okay, ein bisschen verrückt rumzulaufen.«

Adresse 4065 N Milwaukee Avenue, Chicago, IL 60641, Tel. +1 (773) 777-0222, www.fantasycostumes.com | ÖPNV Subway bis Montrose (Blue Line) | Öffnungszeiten Mo–Sa 9.30–20 Uhr, So 11–17 Uhr | Tipp Ebenfalls in Six Corners findet man eines der ältesten Kinos Chicagos, das Portage Theater mit 1.938 Sitzplätzen. Sein jährliches orgelbegleitetes »Silent Film Festival« im August sollte man nicht verpassen (4050 N Milwaukee Avenue, www.theportagetheater.com).

28 Das Farnhaus

Ode an das Urgewächs

Wer dem harschen Chicagoer Winter entgehen möchte, der entfliehe zum Garfield Park Conservatory, einer perfekten tropischen Ferienoase mitten in der Stadt. Mit 18.000 Quadratmetern ist diese botanische Kostbarkeit eines der größten Gewächshäuser der Vereinigten Staaten.

Sein in üppigen Grüntönen schwelgendes Fern House bietet nicht nur eine Pause vom Polarwirbel, sondern auch eine Zeitreise in den Mittleren Westen, wie er vor 300 Millionen Jahren ausgesehen hat.

Das inmitten des historischen Garfield Parks in Chicagos West Side gelegene Gewächshaus wurde vom renommierten, auf den Prairie-Stil spezialisierten Landschaftsarchitekten Jens Jensen entworfen und 1907 eröffnet. Jensens Ehrgeiz, naturnahe Landschaften unter Glas zu schaffen, ist nirgendwo spürbarer als im Fern House, wo urwüchsige Pflanzen – die es bereits im Zeitalter der Dinosaurier gab – auf Felsvorsprüngen gedeihen und einen Teich mit Koi-Karpfen umgeben. Zwischen den Cykadeen (Palmfarne, urtümliche Nacktsamer), Farnen und Moosen würde man jederzeit mit einem Velociraptor rechnen, der vorwitzig um die Ecke schielt. Cycadeen können ein Alter von bis zu 500 Jahren erreichen, manche Exemplare hier bringen es auf über 300 Jahre. In diesem Urzeit-Paradies gibt es nur wenige Blumen, da Farne keine Blüten oder Samen bilden. Aber heben Sie die Farnwedel an und schauen Sie darunter: Winzige Sporen formen faszinierende Muster. Landet eine vom Winde verwehte Spore am richtigen Fleck, ist ein neuer Farn geboren.

Der Wasserfall im hinteren Teil erinnert an Jens Jensens einzigartig perfektionistische Vision für dieses spezielle Glashaus: Er nötigte seinen Steinmetz, den sprudelnden Wasserfall mehrere Male neu zu bearbeiten, bis die Tropfen im Rhythmus von Mendelssohns »Frühlingslied« fielen.

Adresse Garfield Park Conservatory, 300 N Central Park Avenue, Chicago, IL 60624, Tel. +1 (312) 746-5100, www.garfieldconservatory.org | **ÖPNV** Subway bis Conservatory – Central Park Drive (Green Line) | **Öffnungszeiten** Mo–So 9–17 Uhr (Mi bis 20 Uhr) | **Tipp** Im Conservatory liegt der Elizabeth Morse Genius Children's Garden. Hier auf dem Spielplatz können die Kleinen riesige Blätter oder eine überdimensionale Samenhülse erklimmen, eine lange Rutsche entlangsausen und – vor allem – eine Portion Sauerstoff bekommen, ohne Mantel, Handschuhe oder Mütze tragen zu müssen.

29 Die Fassade des Tribune Tower

Von Notre-Dame bis zum World Trade Center

1922 schrieb die Zeitung »Chicago Tribune« einen hoch dotierten Designwettbewerb aus. Es ging um die Gestaltung ihres neuen Hauptsitzes, für den Gewinner waren üppige 100.000 Dollar Preisgeld drin. 260 Entwürfe aus aller Welt trudelten ein. Das Sieger-Design stammte von den New Yorker Architekten John Mead Howells und Raymond Hood und sah einen neugotischen Wolkenkratzer mit stilechten Wasserspeiern, Strebepfeilern und einer Krone vor, inspiriert von der Kathedrale von Rouen in der Normandie. Der neue Dom des Journalismus schoss nach Vollendung im Jahr 1925 140 Meter in die Höhe und pushte den Ruf der »Tribune« als große, bedeutende und internationale Zeitung, die im »schönsten Bürogebäude der Welt« residierte, wie Inhaber und Herausgeber Colonel McCormick es angestrebt hatte. Diesen Ehrgeiz spiegelt die markante Fassade wider, in der 150 Fragmente von historischen Stätten weltweit verbaut sind.

Wer sammelte diese Bruchstücke aus allen Winkeln der Erde? Die Tradition begann 1914, als McCormick selbst in Ypern, Belgien, beruflich unterwegs war. Er gönnte sich eine Pause von der Berichterstattung zum Ersten Weltkrieg und besichtigte eine mittelalterliche Kathedrale, die durch deutschen Beschuss beschädigt worden war. Er steckte ein Bruchstück ein und brachte es mit nach Chicago. Die anderen Auslandskorrespondenten der »Tribune« folgten seinem Beispiel und brachten Steine und Ziegel von ihren Reisen mit. Die vielfältigen Fragmente wurden in die Fassade eingearbeitet und ermöglichten es Besuchern, Geschichte buchstäblich anzufassen. Alle großen historischen Stätten der Weltbühne sind vertreten, von der Großen Pyramide bis zur Chinesischen Mauer, von Notre-Dame bis zum Palace of Westminster. Bis zum heutigen Tag wird die Tradition fortgesetzt. In jüngerer Zeit hinzugefügte Stücke stammen vom am 11. September 2001 zerstörten World Trade Center, von dem ein Stück Stahl zu sehen ist.

Adresse 435 N Michigan Avenue, Chicago, IL 60611 | **ÖPNV** Subway bis Grand (Red Line) | **Tipp** Ein Artefakt wurde als zu wertvoll eingeschätzt, um es an der Außenfassade anzubringen: ein Fragment der Geburtskirche in Bethlehem, das an einer Innenwand in der Lobby zu sehen ist.

30 Das Fountain Girl

Wasser statt Whisky

Das Chicago der Jahrhundertwende war eine Stadt der Säufer und Schläger. Eine Gruppe Frauen, die das Gezeche und die Trunkenbolde leid waren, tat sich zusammen, um die »mäßigende« Organisation »Woman's Christian Temperance Union« (WCTU) zu gründen. Sie erkämpften bahnbrechende Sozialdienste für Frauen, die unter den Ausfällen durch chronischen Alkoholismus zu leiden hatten. Sie richteten Herbergen ein, Tagespflegestätten für die Kinder der Arbeiterinnen, eine Arzneiausgabe, Kindergärten und Sonntagsschulen – alles Pioniereinrichtungen in einer Zeit, als schwere Trunksucht in der Arbeiterschicht beinahe die Norm darstellte. Obwohl sie nicht strikt abstinenzlerisch auftrat, setzte sich die Union auch in Sachen Alkohol für Sozialreformen ein. In einer ruhigen Ecke des Lincoln Park erinnert die Bronzeskulptur eines kleinen Mädchens, das Wasser darreicht, an das Elend, das diese Frauen in Zeiten des ungezügelten Alkoholmissbrauchs durchmachten. Ihre eigenen Kinder sparten jeden Penny, um die Skulptur zu bezahlen.

Wasser rinnt aus dem Bronzegefäß des Fountain Girl, das dem Abzeichen der Union ähnelt, in ein Bassin darunter. Einst tranken Pferde daraus; heute laben sich hier durstige Hunde.

Die Unschuld des Mädchens in seinem einfachen Kleid und mit seinen baren Füßen führt hinsichtlich seines Hintergrunds und wahren Alters in die Irre. Das 1,40 Meter große kleine Mädchen ist ziemlich in der Stadt herumgekommen und war auch einmal 60 Jahre lang vermisst. Ihr erster Job bestand darin, den Besuchern der Weltausstellung 1893 eine gesunde Alternative zum Schnaps anzubieten. Sie lebte in Jackson Park, im Loop, dann in Lincoln Park, bis sie 1958 geraubt wurde. Schließlich fand der Chicago Park District in Portland, Maine, eine Kopie der Statue und ließ nach deren Vorbild 2012 eine neue Skulptur anfertigen. Das Mädchen ist im Gedenken an die Suffragette und Feministin Frances Willard benannt, die zweite Präsidentin des WCTU.

Adresse südlich des W LaSalle Drive und östlich des Chicago History Museum | ÖPNV Subway bis Sedgwick (Brown und Purple Line) | Tipp Das Frances Willard House, einst Heim von Frances Willard und Familie und langjähriger Hauptsitz der »Woman's Christian Temperance Union«, ist heute ein Willard gewidmetes Museum. Sie war eine der großen Vordenkerinnen der Geschichte (1730 Chicago Avenue, Evanston, IL 60201, Tel. +1 (847) 328-7500, www.franceswillardhouse.org).

31 Der Full Moon Fire Jam

Spiel mit dem Feuer

Wenn der Vollmond über Lake Michigan erscheint, entzündet sich in den Herzen der Kreativen, die sich an diesem Sandstrand nahe der Foster Avenue treffen, ein Feuer. Nach Sonnenuntergang erhellen Fackelakrobaten den Strand zum Getrommel der Perkussionisten; Poi-Tänzer mit ihren Feuerwirbeln und brennenden Hula-Hoop-Reifen behexen die Fans des Full Moon Fire Jam. Eine magische, wilde Träumerei im Mondschein. Wenn Sie es nicht bis nach Black Rock City, zum Burning Man Festival, schaffen, dann ist der Full Moon Fire Jam an diesem sandigen Uferstrand ein würdiger Ersatz.

Was 2004 mit einer Geburtstagsfeier unter Freunden begann, hat sich zu einem kostenlosen monatlichen Spektakel entwickelt, das verschiedenartigstes Publikum anzieht. Die Mission mag hochtrabend klingen – »Performancekünstler und Zuschauer durch die Liebe zur Feuerkunst vereinen« –, aber das Ergebnis ist ein fröhliches Beisammensein, das über sein formuliertes Hauptziel hinausgeht und Menschen aller Altersklassen, Biografien und Interessen zusammenführt, von eingefleischten Fans bis zu Passanten, die sich durch die Verschmelzung von Artistik und Athletik faszinieren lassen.

Die Feier des Feuers findet zu jedem Vollmond statt, der auf eine Nacht zwischen Sonntag und Donnerstag fällt, vom späten Frühjahr bis zum späten Herbst. Die Darbietungen finden Sie südlich der Foster Avenue Turf Fields nahe dem 5100er Block des N Lake Shore Drive am Ufer. Sie beginnen bei Sonnenuntergang und enden um 22 Uhr. Die Jams werden von Freiwilligen betrieben, sind kostenfrei, familien- und hundefreundlich und folgen den »Zehn Prinzipien des Burning Man«: radikale Einbeziehung aller, Schenkfreudigkeit, Dekommodifizierung, radikaler Selbstausdruck sowie radikale Eigenständigkeit, Gemeinsinn, Verantwortungsbewusstsein, »keine Spuren hinterlassen«, Partizipation und Spontaneität. Kommen Sie früh, um sich einen Platz zu sichern, und bringen Sie Wasser, Decken, positive Energie und eine Djembe mit.

Adresse am Ufer nahe dem 5100er Block des N Lakeshore Drive, www.fullmoonjam.org | **ÖPNV** Subway bis Argyle (Red Line) | **Öffnungszeiten** spätes Frühjahr bis Spätherbst an Vollmondabenden zwischen Sonntag und Donnerstag, von Sonnenuntergang bis 22 Uhr | **Tipp** Falls Sie lernen möchten, wie man, wortwörtlich, mit dem Feuer tanzt: Pyrotechniq Chicago bietet in seinen »Flow-Dojos«, die über die ganze Stadt verteilt sind, Workshops für kleine und große Gruppen sowie Privatstunden in der hohen Kunst des Fire-Spinning an (Tel. +1 (773) 682-7777, www.pyrotechniq.org/fire-dancing-lessons).

32 Die Galos Caves

Die Wellness-Saline

Selbst mitten im Chicagoer Winter lümmeln sich die Gäste hier auf ihren Liegen und tunken die Füße ins Kiesbett, während die Kinder in diesem einzigartigen Quasi-Seebad mit Eimern und Schaufeln Burgen bauen. Ein Hauch von Salz liegt in der Luft.

Dies ist jedoch kein Sommertag am North Avenue Beach; die Szenen spielen sich in einer künstlichen Höhle ab – der ersten Jodsalz-Saline der Vereinigten Staaten. Sie versteckt sich an der geschäftigen Irving Park Road unterhalb des Bankettsaals des Jolly Inn.

Osteuropäer haben die Segnungen der Salztherapie schon vor Jahrzehnten gepriesen, damals Halotherapie genannt. Die polnische Gemeinde Chicagos eröffnete in den frühen 2000ern ihre eigene Salzhöhle, die den Salinen von Krakau nachempfunden ist. Viele glauben, dass diese Höhlen eine Reihe von Leiden lindern – von Arthrose bis zu Allergien.

Man bekommt ein Paar frische weiße Socken, bevor man die »Höhle« betritt – einen stillen, in weichen, beinahe psychedelischen Farben ausgeleuchteten Raum, von der Decke bis zum Boden mit Salz aus dem Toten Meer verkleidet. Künstliche Stalaktiten hängen von der Decke; Muscheln schmücken die Wände. Tanzende Delphine zieren eine Säule, eine kleine Keramiknixe sitzt in einer Ecke. Die Kinder spielen mit den Salzkristallen – Sandspielzeug wird gestellt –, während die Großen zu den Geräuschen einer Meeresbrandung auf den bequemen langen Liegen entspannen und eindösen. Während der 45-minütigen Höhlensitzung wird um Stille gebeten; viele gleiten binnen Minuten in meditative Trance. Der Manager gibt sich überzeugt, ein 45-minütiger Aufenthalt hier entspreche einem Drei-Tages-Trip ans Meer. Ist es das verdampfende Salz oder die behagliche Atmosphäre, die Besucher so entspannt und verjüngt wieder entlässt? Ob nun an der Werberhetorik etwas dran ist oder nicht: Sie können hier auf einen ruhigen, stressreduzierten Tag zählen, der Ihrer Gesundheit guttut – solange Sie das Salz nicht essen.

Adresse 6501 W Irving Park Road, Chicago, IL 60634, Tel. +1 (773) 283-7701, www.galoscaves.com | **ÖPNV** Subway bis Irving Park (Blue Line), dann CTA Bus 80 bis Irving Park & Natchez | **Öffnungszeiten** täglich 9–21 Uhr | **Tipp** Nach Ihrem Salzhöhlenabenteuer wartet treppauf das berühmte polnisch-amerikanische Büfett des Jolly Inn. Mit über 24 Gerichten, einer großen Salatbar, Braten frisch aus dem Ofen und köstlichem Gebäck ist dieses All-you-can-eat-Büfett für 9,95 Dollar ein echter Gaumenschmaus.

33 Der Gangsterkeller

Heimstatt des Henkers

Als einer von Al Capones Top-Schergen war Frank »Der Vollstrecker« Nitti bei der Mafia der Mann fürs Grobe. Er betrieb den Schnapsschmuggel, importierte Whisky aus Kanada und verkaufte ihn an illegale Flüsterkneipen. Er war einer von Capones bevorzugten Leibwächtern, und als Capone 1929 verhaftet wurde, ernannte er Nitti zum Mitglied eines Triumvirats, das die Mafia während seines Ausflugs ins Eastern State Penitentiary von Philadelphia leitete. Unter Nittis Kommando erweiterte man die Aktivitäten von Glücksspiel und Prostitution auf die Kontrolle der Gewerkschaften und Ladenerpressungen.

In der W Kinzie Street 33 unterhielt Nitti ein Versteck. Das 1895 nach Entwürfen von Henry Ives Cobb im niederländischen Renaissancestil erbaute Haus war der ehemalige Hauptsitz einer Lackfabrik. In dem als Käsefabrik getarnten Anwesen hatte Nitti von 1939 bis zu seinem Tod ein Apartment im dritten Stock. Vom Fenster aus hatte er das Gerichtsgebäude gut im Blick. Der Keller war an ein Tunnelnetz angeschlossen, das es ihm bei Bedarf ermöglichte, schnell zu türmen.

1943 wurden Nitti und ein anderes Mitglied der Mafia wegen Erpressung der Hollywood-Filmindustrie angeklagt. Da er die engen Zellenwände fürchtete – er war Klaustrophobiker –, schickte er seine Frau los, um in der Kirche Our Lady of Sorrows für ihn zu beten. Nitti betrank sich, zog mit einem Revolver los und schoss sich auf den Gleisen der nahen Eisenbahn in den Kopf.

Heute beherbergt das Gebäude »Harry Caray's Steak House«. Man kann sich jedoch immer noch in Nittis Keller (»Frank Nitti's Vault«) schleichen. Dort befindet sich eine bemerkenswerte Sammlung von Memorabilien, darunter ein Adressbuch mit Kontaktinformationen zu Chicagoer Unterweltgrößen der 1930er und 1940er Jahre, ein dreitüriger Safe aus dem frühen 20. Jahrhundert und Fotos, die die Heldentaten Nittis und seiner Gang während der Ära Capone dokumentieren.

Adresse Harry Caray's, 33 W Kinzie Street, Chicago, IL 60654, Tel. +1 (312) 828-0962, www.harrycarays.com | ÖPNV Subway bis Grand (Red Line) | Öffnungszeiten Mo–Do 11.30–22.30 Uhr, Fr, Sa 11.30–23 Uhr, So 11.30–22 Uhr | Tipp Nittis Keller, der über Harry's Bar zugänglich ist, kann noch heute während der Öffnungszeiten des Steakhauses kostenlos von Gästen besichtigt werden. Beachten Sie auch die anderen ausgestellten Devotionalien zur Geschichte der Chicago Cubs sowie dem legendären Sportreporter Harry Caray (darunter sein Markenzeichen, seine übergroße Brille), die in Bar und Restaurant verteilt sind.

34 Die Geisterkirche

Vorne hui

An der Ecke der 19th und Peoria Street in Pilsen lädt eine spukige Kirche des alten Chicago gestresste Seelen ein, durch ihre schweren Holztüren zu treten und sich einen Moment der inneren Einkehr und des Gebets zu gönnen. Hört man die Glocke des 27 Meter hohen Turms läuten, weiß man, dass man schon nicht mehr von dieser Welt ist. Denn hinter der Fassade der »Ghost Church« findet man nicht etwa eine Kirche, sondern einen schmalen Grasstreifen und ein paar übrig gebliebene Steine jenes Fundaments, das einst die Kirche einer lebendigen Gemeinde trug.

Die in gotischen Lettern gehaltene Inschrift über dem Eingang verkündet, dies sei einst die »Zion Evangelical Lutheran Church« gewesen. Die Gemeinde, die sie erbaute, wurde 1850 in Pilsen East gegründet; in den 1880ern entstand das Gotteshaus. Als 1956 die letzten deutsch-amerikanischen Gemeindemitglieder aus dem Viertel wegzogen, verkauften sie ihre Kirche. Sie blieb verriegelt und verrammelt, bis 1979 ein Brand das Innere förmlich ausweidete. Schließlich wurden die Mauern 1998 durch einen schweren Sturm dem Erdboden gleichgemacht, und es blieb nicht viel mehr als die Fassade und der Glockenturm übrig.

Stadtentwickler John Podmajersky junior hatte das Grundstück vor dem Sturm erworben. Als ihn Nachfahren der ehemaligen Gemeindemitglieder besuchten, brachten sie ihm ein altes Buch in deutscher Sprache mit, in dem die Frühgeschichte der Kirche festgehalten war, und drückten erfolgreich auf die Tränendrüse. Podmajersky restaurierte die Originalfassade und den Glockenturm und kümmert sich seither um die Überreste des geisterhaften Bethauses. Er verfolgt Pläne, den Turm in zehn kleine Ateliers zu verwandeln. Auch wenn die fromme Seelenzuflucht nicht mehr ist, kann man sich dennoch auf die Steine des Fundaments setzen und sich vor der noch immer verrußten Jesusfigur, die an der nackten, stahlverstärkten Eingangsmauer aus Ziegelstein hängt, ins Gebet versenken oder meditieren.

Adresse 19th Street und S Peoria Street, Chicago, IL 60608 | ÖPNV Subway bis 18th (Pink Line) oder CTA Bus 62 bis Halsted & 18th Street | Tipp Schräg gegenüber der Geisterkirche findet man Open Books, einen durchstöbernswerten, gemeinnützigen Secondhand-Buchladen für Kinder und Erwachsene, der seinen Erlös in lokale Bildungsprogramme investiert (905 W 19th Street, www.open-books.org).

35 Das Glessner House

Eine schrecklich vornehme Familie

Es ist eine Szenerie wie aus der TV-Serie »Downton Abbey«; Bedienstete arbeiten hinter den Kulissen hart, um sicherzustellen, dass die schrecklich vornehme Familie, bei der sie in Lohn und Brot stehen, auch rundum verwöhnt wird. Auch wenn das festungsähnliche John J. Glessner House mit seinen monumentalen Steinblöcken, Rundbögen und rosa Granitmauern eine deutliche Abkehr vom Hausbau im viktorianischen Stil darstellt, bedurfte es, um den Luxushaushalt in Schwung zu halten, eines beachtlichen Personalaufwands. Die Dienstbotenunterkünfte bieten einen Einblick in das Goldene Zeitalter Chicagos, eine Ära, in der wohlhabende Frühindustrielle wie John Glessner – Partner eines Farmausrüsters – an der todschicken Prairie Avenue einem Luxusleben frönten, wenngleich im Chicagoer Stil.

Die Fassade des 1887 vom in Paris ausgebildeten Architekten Henry Hobson Richardson errichteten Hauses war von einer Abtei, der englischen Abingdon Abbey, inspiriert. Das 1.600 Quadratmeter große Anwesen war für eine vierköpfige Familie mit acht Bediensteten ausgelegt. Männliche Diener wohnten über der Remise, die Dienstmädchen über der Küche. Das Apartment des Butlers lag fernab der anderen in der Nordostecke des zweiten Stocks. Getrennte Flügel, Flure und Eingänge für Männer und Frauen garantierten, dass die Diener so wenig Kontakt mit der Familie und dem anderen Geschlecht wie möglich hatten. Die Bediensteten speisten gemeinsam im Speiseraum für das Personal an großen Tischen, wo das Dinner früh serviert wurde, schon um 15 Uhr, sodass man später die Hand für das Dinner der Herrschaften frei hatten. Über ein Alarmsystem in der Küche konnte das Personal jederzeit von überallher gerufen werden.

Frances Glessner führte ein Tagebuch, das auf Wunsch eingesehen werden kann. Es führt sämtliche Dienstboten zusammen mit Lohn und Position namentlich auf sowie den Grund ihrer Entlassung. So entsteht ein Porträt der »vergessenen« Bewohner der Prairie Avenue.

Adresse 1800 S Prairie Avenue, Chicago, IL 60616, Tel. +1 (312) 326-1480, www.glessnerhouse.org | **ÖPNV** Zug bis 18th Street (Metra Electric Line); CTA Bus 3 oder 4 bis Michigan & 18th Street | **Öffnungszeiten** Führungen Mi–So 11.30, 13 und 14.30 Uhr; maximal 15 Personen pro Führung nach dem Prinzip »Wer zuerst kommt, mahlt zuerst« | **Tipp** Schauen Sie, ob Sie die Ouroboros (Drachen, die sich in den eigenen Schwanz beißen), die Akanthusblätter und die zierlichen G-Formen, die im ganzen Haus zu sehen sind, ausmachen können.

36_Die Hafenschleuse

Immer mit dem Flow

Es war einmal, da floss der Chicago River träge dahin, schleppte Abwässer und Industriemüll in seiner gemächlichen Strömung mit sich und mündete direkt ins Wasserreservoir der Stadt, den Lake Michigan. Typhus, Cholera und Ruhr grassierten, und 1885, nachdem ein heftiger Regensturm sich hinter den Frischwasserzuläufen in den See ergossen hatte, erlagen zwölf Prozent der Bevölkerung Krankheiten, die bei unsauberem Trinkwasser auftreten.

Der neu gegründete Chicago Sanitary District, dazu bestimmt, die Stadt mit unbedenklichem Trinkwasser zu versorgen, stellte ein neues System vor, das aus drei Schleusen bestand, die die Fließrichtung des Chicago River zum Mississippi und zum Golf von Mexiko hin umkehrten und Abwässer vom Lake Michigan fernhielten. Die »Chicago Harbor Lock« ist nicht nur eine Schleuse, sondern auch ein unter Hochdruck arbeitendes Denkmal, das Ergebnis eines der genialsten Ingenieursprojekte der Geschichte. Sie ist eine der meistgenutzten Schleusen der USA.

Die vom U.S. Army Corps of Engineers betriebene Anlage stellt eine der zwei Passagen von den Großen Seen zum »Chicago Area Waterway System« (System der Wasserwege Chicagos) dar. Es bedarf nur zwölf bis 15 Minuten, um mittels Schwerkraft durch teils geöffnete Schleusentore einen Wasserstandsunterschied von 0,70 bis 1,50 Metern zu erzeugen. Die Kammer kann 100 Wasserfahrzeuge gleichzeitig aufnehmen; über 40.000 sind es jedes Jahr. Es ist magisch, zu beobachten, wie das Licht auf Grün schaltet und alle Kanus, Pontons, Wassertaxis, Luxusyachten und Segelschiffe den Wahnsinnssprung vom Lake Michigan in die Schleuse machen. Einmal drinnen, ertönt ein Horn, und das nächste Rennen in den umgekehrten Chicago River geht los. Dank der Schleuse und anderer Klärmaßnahmen ist der Chicago River heute viel sauberer. Obwohl man ihn nicht mehr den »stinkenden Fluss« nennt, steht hier dennoch ein Warnschild: »Der Chicago River hat viel Charme – aber fallen Sie nicht rein!«

Adresse Die »Chicago Harbor Lock« liegt am Chicago River, südlich des Navy Pier, und ist nur für Wasserfahrzeuge zugänglich. Auch vom Land aus lässt sich die Schleuse in Aktion beobachten, etwa vom fahrradfreundlichen Lakefront Trail beim North Streeter Drive aus. | **Tipp** An Bord der »Wendella Signature Lake and River Tour« fahren Sie den Chicago River hinunter, es geht durch die Schleuse und danach an den Ufern des Lake Michigan entlang (Tel. +1 (312) 337-1446, www.wendellaboats.com).

37 Das Haus der Buttons

Message am Revers

Das »Busy Beaver Button Co. and Button Museum« kann sich rühmen, das einzige Museum der Welt zu sein, das vermeintlich banale Anstecknadeln zu Schaustücken erhoben hat. Das im Produktionstrakt der Firma gelegene winzige Museum stellt 9.000 seltene historische Anstecker aus. Für jede TV-Show scheint es einen zu geben, für jeden Film, für jeden Kandidaten einer Präsidentschaftswahl – darunter auch denjenigen für die Wahlkampagne Abraham Lincolns im Jahr 1864. Es gibt eine Anstecknadel, die Uncle Sam zeigt, wie er Hitler an einem Baum aufknüpft, oder einen ultrararen Knopf aus dem Jahr 1929 mit »Oswald the Lucky Rabbit« drauf.

Politische Anstecker zu tragen ist eine uramerikanische Tradition. Sie begann mit der Amtseinsetzung George Washingtons im Jahr 1789. Anhänger des ersten US-Präsidenten trugen »Washington Inaugurals« – große handgestempelte Buttons aus Kupfer, Messing oder Sheffield-Blech – auf ihren Röcken und Hosen. Der Anstecker mit der Aufschrift »Long Live the President GW« ist der älteste und wertvollste in der Sammlung.

Seinen Anfang nahm das Museum im College-Apartment des Inhabers Christen Carter Mitte der 1990er. Vier Millionen Buttons später ist die kleine Firma Marktführer der Ansteck-Industrie. Sie produziert die übliche Ware in Metall, aber auch Holzknöpfe und solche aus 24-karätigem Gold. Jeder maßgefertigte Button wird in der geothermisch geheizten respektive gekühlten Fertigungsanlage im hippen Viertel Logan Square mittels Sonnenenergie aus recyceltem Stahl hergestellt. Die Kundschaft von Busy Beaver umfasst Einzelkunden, große Firmen wie Brooklyn Brewery oder kulturelle Einrichtungen wie das Art Institute of Chicago. Feierlich eingeweiht wurde das Museum in der Fertigungsstätte im Jahr 2010. Wer das Museum durchstöbert, kann auch die Anstecker-Herstellung in Aktion sehen, denn alle Buttons werden hier produziert, meist von Hand. Auf Anfrage kann man sich sogar eigene Anstecker basteln.

Adresse 3407 W Armitage Avenue, Chicago, IL 60647, Tel. +1 (773) 645-3359, www.busybeaver.net | ÖPNV Subway bis Belmont (Blue Line), dann CTA Bus 82 bis Kimball & Armitage | Öffnungszeiten Mo–Fr 10–16 Uhr | Tipp Diskutieren Sie über Anstecker oder das Ansteckende an der Politik im Scofflaw, einer eleganten Eckkneipe mit halb viktorianischem, halb modernem Vibe, vom Busy Beaver Button Museum nur drei Minuten zu Fuß die Armitage Avenue hinunter. Es gibt hier über 80 Ginsorten, kleine Teller mit Leckereien und eine feine Auswahl an amerikanischen Craft Beers vom Fass (3201 W Armitage Avenue, www.scofflawchicago.com).

38 Das Haus der Einwanderung

Dampfschifffahrt in die Neue Welt

Würden Sie Ihr Heute zugunsten eines besseren Morgen verlassen? Stellen Sie sich vor, dem Leben, das Sie von Geburt an kennen, Adieu zu sagen und auf einem Ozeandampfer dritter Klasse in ein neues, gelobtes Land zu schippern, wo eine fremde Sprache, Kultur und viel harte Arbeit warten. Das »Brunk Children's Museum of Immigration« bildet eine Brücke zwischen Vergangenheit und Gegenwart und bietet Kindern einen Einblick in das entbehrungsreiche Leben jener Einwanderer, die Chicago aufbauten. Es ist schwer zu glauben, dass es hier einst mehr Schweden gab als in Stockholm. Im späten 19. Jahrhundert stieg der Anteil der in Schweden geborenen Einwohner um etwa 233 Prozent. Um 1930 lebten 65.735 gebürtige Schweden in der Stadt, und mehr als 140.000 Kinder schwedischer Immigranten ließen sich in Chicago nieder. Die meisten siedelten im North-Side-Viertel Andersonville. Das Herz des Viertels sind die Berwyn Avenue und die Clark Street, wo Sie das Einwanderungsmuseum finden, das im Swedish American Museum beheimatet ist. Kinder betreten in diesem Museum zum Anfassen und Mitmachen zuerst das »Schweden der Alten Welt«, wo skandinavische rote Stuga-Häuser und allerlei Arbeit auf der Farm warten. Dann ist es Zeit, die Sachen in einen Seekoffer zu packen und sich in die Neue Welt aufzumachen – in der sechs Meter langen Nachbildung eines Dampfschiffs. Nach der Ankunft in Amerika können sich die Kleinen in einer Holzhütte der Pioniere niederlassen und an die Arbeit gehen – Kühe melken, ein kleines Stück Land beackern, den Tisch decken, Brennholz schleppen und so fort.

Schauen Sie sich unbedingt die Dauerausstellung des Swedish American Museum an – »The Dream of America: Die schwedische Einwanderung nach Chicago«. Mitglieder der Gemeinde Andersonville stifteten wertvolle Andenken, darunter Pässe, handgearbeitete Erbstücke und Dampfer-Tickets.

Adresse 5211 N Clark Street, Chicago, IL 60640, Tel. +1 (773) 728-8111, www.swedishamericanmuseum.org | ÖPNV Subway bis Berwyn (Red Line) | Öffnungszeiten Mo–Do 13–16 Uhr, Fr 10–16 Uhr, Sa, So 11–16 Uhr | Tipp Simon's Tavern ist Chicagos inoffizieller Vorposten Schwedens – eine Kneipe mit Wikingerdekor und Schiffsambiente, die einem französischen Dampfer nachempfunden ist (5210 N Clark Street, +1 (773) 878-0894).

39 Das Haus der Juwelen

Hochkarätig besetzt

Die geologische Schauecke bei der »World's Columbian Exposition« 1893 in Chicago beeindruckte das Publikum tief. Viele hätten nie gedacht, solch kostbare Edelsteine jemals selbst zu Gesicht zu bekommen, schon gar nicht den extrem seltenen funkelnden Diamanten in seinem ursprünglichen Felsbett, der sogenannten Matrix. Nach der Weltausstellung überredeten einige prominente Chicagoer, einschließlich des Industriellen Edward Ayer, den millionenschweren Kaufmann Marshall Field, die Einrichtung eines Museums für die unschätzbar wertvolle geologische Sammlung zu finanzieren. Ende 1893 wurde Chicagos Naturkundemuseum, das heutige »Field Museum«, gegründet. In der »Grainger Hall of Gems« sind noch immer jene glitzernden Preziosen zu sehen, die einst die Massen verzauberten. 600 Brillanten und 150 schimmernde Geschmeide blenden mit ihrem Glanz das Auge; beinahe ist man versucht, eine Sonnenbrille zu zücken.

Die Schaukästen zeigen, wie die begehrten Juwelen entstehen: Zunächst sieht man sie in Stein eingebettet, so wie sie gefunden werden, dann als polierte Steine und schließlich als fertigen Edelsteinschmuck. In der glitzernden Halle sind auch Exemplare von Tansanit ausgestellt, das noch 1.000-mal seltener ist als Diamanten.

Illustre Bürger Chicagos, darunter Marshall Field selbst, stifteten die meisten Edelsteine. Harlow Higinbotham, einer von Fields Teilhabern, kaufte und spendete die auf der Weltaustellung gezeigte Sammlung von Tiffany & Co. Schauen Sie sich den atemberaubenden Aquamarin von 148,5 Karat an, der in eine Schmucknadel aus Platin und Gold eingearbeitet ist, die Brosche mit einem über 500 Jahre alten mexikanischen Opal, den größten und seltensten Rubintopaz der Welt (97,5 Karat), den einzigartigen irisierenden Chrysoberyll-Alexandriten oder die Kette aus 14-karätigem Gold mit 18 Smaragden und 238 Brillanten von insgesamt 14,75 Karat. Alle strahlen sie noch heute so wie vor über 100 Jahren, als sie erstmals zu sehen waren.

Adresse The Field Museum, 1400 S Lake Shore Drive, Chicago, IL 60605, Tel. +1 (773) 684-1414, www.fieldmuseum.org | **ÖPNV** Subway bis Roosevelt (Green, Orange und Red Line) | **Öffnungszeiten** täglich 9–17 Uhr | **Tipp** Schmuckliebhaber sollten auch die »Elizabeth Hubert Malott Hall of Jades« besuchen. Eine Ausstellung mit über 450 Stücken nimmt die Betrachter mit auf eine Reise durch die Geschichte Chinas, es geht – angefangen bei prähistorischen Begräbnissen – durch zwei Jahrtausende des langlebigsten Kaiserreichs der Welt.

40 Das Hideout

New Deal statt New Age

Zwischen Fabriken verborgen liegt eine Holzspelunke, die völlig fehl am Platz erscheint. In ihrer über 80-jährigen Geschichte hat schon alles von Schmugglern bis zu Buchmachern, von unentdeckten Rockstars bis zu gesuchten Gangstern Zuflucht gesucht in dieser laut Selbstbeschreibung »ganz normalen Kneipe für nicht ganz so normale Leute, die einfach nicht in die Gesellschaft passen oder passen wollen«. Dies ist eine Bar für Rebellen mit einem Faible für Livemusik.

Kein Schild deutet auf dieses Mekka hin, man suche also nach der Retro-Werbung mit der Aufschrift »Old Style«, die direkt über dem Eingang hängt. Während der Prohibition verschanzten sich hier Rum-Schmuggler und Spieler; ihre Inkognito-Vibes behielt die Kaschemme stets bei. Drinnen erinnern hölzerne Balken, an der Decke mit Garn aufgehängte Schallplatten und ausgestopfte Speerfische an eine Kellerbar. Im Zentrum heißt eine kleine, von Lichterketten beleuchtete Bühne Acts aller Genres willkommen – von Bluegrass bis Blues, von Rock bis Reggae, von Punk bis Pop. Die Kundschaft des Hideout ist bekannt für ihren kultivierten und vielseitigen Musikgeschmack.

Viele Musik-Ikonen werden auf dieser Bühne urplötzlich nervös, wohl wissend, dass das Publikum des Hideout schwer zu überzeugen ist, ganz gleich, wie viele Platten man schon verkauft hat. Nachwuchskünstler wissen, dass diese Bühne ihr Sprungbrett werden kann, wenn es auch nur den leisesten Applaus gibt.

Die Website erklärt: »Dies ist nicht die Bar Ihres Vaters, sondern die Ihres Großvaters. Es ist die Bar, in die Großvater ging, als er noch jung und verrückt war. Er hat sich größte Mühe gegeben, diese Vergangenheit vor Ihrem Vater zu verbergen, aber Sie haben sie gefunden – die alten, ruhelosen Wurzeln der hart arbeitenden, hart spielenden Expressivität und Freiheit des Geistes. Dies ist mehr New Deal als New Age. Das Hideout ist klein, und klein ist schön. Es ist nichts für jeden, aber es ist für jeden da.«

Adresse 1354 W Wabansia Avenue, Chicago, IL 60642, Tel. +1 (773) 227-4433, www.hideoutchicago.com | ÖPNV Subway bis North/Clybourn (Red Line) | Öffnungszeiten Mo, Di 17–2 Uhr, Mi–Fr 16–2 Uhr, Sa 19–3 Uhr; Sonntags-Öffnungszeiten bitte im Programm nachschauen | Tipp Den Hunger nach dem Konzert bekommen Sie im nahe gelegenen Goose Island Shrimp House in den Griff, Chicagos ältester Shrimpsbude. Ihre Markenzeichen sind die frittierten Jumbo-Shrimps, Catfisch und Austern (1011 W Division Street, www.gooseislandshrimphouse.com).

41 Die Himmelskapelle

Über den Wolken

Mit ihren 173 Metern ist die »Sky Chapel«, erbaut 1924, die höchste Kirche der Welt. Das passenderweise in jener Stadt gelegene Gotteshaus, die einst den Wolkenkratzer erfand, ist Sitz der »First United Methodist Church of Chicago«, einer der ältesten Gemeinden Chicagos.

Ein Aufzug rauscht direkt zur Kapelle hoch, die unterhalb des wolkenkratzenden Kirchturms liegt. Sechzehn Buntglasfenster umgeben die Gemeindemitglieder hier. Eines davon ruft jene Hütte am Flussufer in Erinnerung, in der die Gottesdienste einst stattfanden. Im Zentrum stellt ein erleuchteter Altar einen aus Holz geschnitzten Jesus dar, der Chicago und seine Einwohner beweint, die noch immer »blind für jene Dinge« sind, die »Frieden schaffen«. Wie spät es ist, weiß man immer: Trotz des entrückten Sakralambientes läutet alle Viertelstunde eine digitale Glocke aus Lautsprechern. Nirgendwo in Chicago kommt man dem Himmel näher.

Die berühmte ortsansässige Firma Holabird & Roche entwarf das neugotische Chicago Temple Building, das mittels Stahlrahmen konstruiert und mit Sandstein verblendet wurde. Die Kapelle hoch droben, einst Glockenturm des Gebäudes, stellt ein Geschenk der Familie Walgreen (Besitzer der gleichnamigen Drogeriekette) aus dem Jahr 1952 dar. Platz finden hier nur 30 Leute, was den Ort zur beliebten Hochzeitslocation macht. Die Kapelle wirkt sowohl intim als auch ehrfurchtgebietend – dank des Blicks auf die Stadt aus der Vogelperspektive.

Die 1831 gegründete Gemeinde errichtete 1834 am Ufer des North Chicago River eine eigene Kirche. Es folgte ein steiler Aufstieg vom bescheidenen Holzschuppen zum damals (bis 1930) höchsten Gebäude der Stadt. Während nach dem Ersten Weltkrieg viele andere Kirchen ihre Downtown-Grundstücke teuer verkauften und in die Vororte flohen, blieb die First United Methodist Church der Stadt treu und rühmt sich einer entsprechend vielfältigen Gemeinde, in der Willkommenskultur großgeschrieben wird.

Adresse 77 W Washington Street, Chicago, IL 60602, Tel. +1 (312) 236-4548, www.chicagotemple.org | ÖPNV Subway bis Washington Station (Blue Line) oder Washington/Wells (Brown, Orange, Pink und Purple Line) | Öffnungszeiten Mo–So 7–19 Uhr; kostenlose Führungen Mo–Sa 14 Uhr und So nach jedem Gottesdienst | Tipp Ist das eine Taube? Ein Skelett? Ein hungriges Insekt? Ein Afghanischer Windhund? Die Theorien überschlagen sich, doch niemand weiß mit Gewissheit, was genau Picasso porträtieren wollte, als er diese berühmte, 15 Meter hohe Stahlskulptur ohne Namen schuf, die direkt gegenüber dem Haupteingang des Sky Temple steht.

42 Das Hinterzimmer

Rauchgeschwängerte Ränke

In den frühen Morgenstunden des 11. Juni 1920, nach einer enttäuschenden, völlig verfahrenen Versammlung im Chicago Coliseum, traf sich eine kleine Gruppe Senatoren in Raum 404 des Blackstone Hotel, um die Ernennung von Warren G. Harding zum republikanischen Präsidentschaftskandidaten zu arrrangieren.

Als der Deal perfekt war und die Tür wieder aufging, bemerkte ein Reporter der United Press, dass Harding buchstäblich in einem »smoke-filled room« zum Kandidaten gekürt worden sei, ein Ausdruck, der gleich Eingang in den Sprachgebrauch fand und seither eine Anspielung auf Hinterzimmer-Kungeleien ist.

Könnte das Blackstone Hotel sprechen, es würde nicht mehr aufhören zu reden. Jahrzehntelang war dies der Ort in Chicago zum Sehen und Gesehenwerden. Jedermann von Rudolph Valentino bis Joan Crawford und von Truman Capote bis Tennessee Williams ist schon durch diese schmucke Lobby geschritten. Am bekanntesten ist das Hotel dafür, bereits zwölf US-Präsidenten, von Teddy Roosevelt bis Jimmy Carter, beherbergt zu haben. 1909 war die noble Absteige für 1,5 Millionen Dollar (heute umgerechnet 26 Millionen Dollar) errichtet worden. Benannt wurde sie nach Timothy Blackstone, einem Chicagoer Politiker, der Mitbegründer und erster Präsident der Union Stock Yards war.

Vom legendenumrankten Geheimweg, den JFK angeblich nutzte, um zu Marilyn Monroe zu gelangen, bis zum Ballsaal, in dem Topstars der Unterhaltungsbranche einst die prickelnde Luft mit Jazz füllten, wurde in diesem eleganten Hotel, einem echten Schmuckstück Chicagos, Geschichte des 20. Jahrhunderts geschrieben. Noch immer ist der »Smoke-Filled Room«, eine der einladendsten Suiten des Blackstone, zu besichtigen. Die Zigarren allerdings lässt man daheim. Mit seinem exquisiten, französisch inspirierten Dekor und formalen Foyer zentriert sich das »rauchgeschwängerte Zimmer« um den Original-Marmorkamin und weiß mit seinen Panoramablicken auf den Lake Michigan und den Grant Park noch heute zu berücken.

Adresse Renaissance Blackstone Chicago Hotel, 636 S Michigan Avenue, Chicago, IL 60605, Tel. +1 (312) 447-0955, www.blackstonerenaissance.com | ÖPNV Subway bis Harrison (Red Line) | Tipp Das Blackstone hat ebenso eine Verbindung zur Chicagoer Mafia. Al Capone war häufig im Barbershop des Hotels zu Gast und schätzte den Umstand, dass es hier keine Fenster gab. Heute ist dies ein einzigartiger Versammlungsraum: Die Spuren der einstigen Friseurstühle sind noch deutlich auf dem Marmorboden zu erkennen. Den Ballsaal könnten Sie wiedererkennen als jene Kulisse, in der Robert De Niro (als Al Capone) in dem oscargekrönten Streifen »Die Unbestechlichen« zwei Männer mit einem Baseballschläger zusammenschlägt.

43 Die Hochbahn

Als der Nahverkehr noch elegant war

Am 27. Mai 1892 rollte ein Zug mit sechs Waggons und 300 Gästen die 39th Street hinunter bis zum Congress Parkway Terminal und geradewegs in die Geschichte. Die »South Side Elevated Railroad« war die erste schnelle Transit-Hochbahn Chicagos. Die von Downtown bis Jackson Park verlaufende Linie mit Abzweigungen nach Englewood, Normal Park, Kenwood und zu den Union Stock Yards war einst angelegt worden, um die Besucher der Weltausstellung von Mai bis Oktober 1893 ebendorthin zu bringen. Ein Großteil der Strecke, die der Zug damals abzockelte, wird noch heute als Teil des kultigen »L-Systems« genutzt.

Obwohl die Bahn heute unbeweglich in ihren Schienen verharrt, kann man sich im Chicago History Museum noch immer an Bord der »L Car No. 1« begeben, die liebevoll restauriert wurde und nun Passagiere auf dem Weg nach nirgendwo empfängt. Es dauerte zwei Tage, den 42.000 Pfund schweren Waggon, der in einer Abstellhalle vor sich hin staubte, vorsichtig zu transportieren und in den ersten Stock des Museums zu hieven.

Stadtbahngewohnte von heute werden erstaunt sein, wie vornehm das alte Vehikel daherkommt. Der von Dampflokomotiven gezogene Wagen mit Türen zu beiden Seiten wartete mit luxuriöser Ausstattung auf – samt feinem, lasiertem Holz, verschnörkelten Gasleuchten und Rattansitzen. Die Linie bot einen 24-Stunden-Service – ein Segen für eine Stadt, die ebenfalls Tag und Nacht in Betrieb war. Zuvor hatte man sich auf Kabelbahnen verlassen, die aber nachts wegen Wartungsarbeiten nicht fuhren.

Das L steht für »Elevated« (erhöht). Die Linie ist das zweitälteste öffentliche Verkehrssystem des Kontinents nach demjenigen Bostons. Ein Besuch Chicagos bleibt ohne Fahrt durchs »Loop« einfach unvollkommen. Auch wenn die Wagen sich mit der Zeit veränderten, hat man von den erhöhten Schienen der Brown Line bei Adams / Wabash Station aus noch immer denselben zeitlosen Blick auf die Stadt.

Adresse Chicago History Museum, 1601 N Clark Street, Chicago, IL 60614, Tel. +1 (312) 642-4600, www.chicagohistory.org | ÖPNV Subway bis Sedgwick (Brown und Purple Line) | Öffnungszeiten Mo–Sa 9.30–16.30 Uhr (Di bis 19.30 Uhr), So 12–17 Uhr | Tipp Verpassen Sie im Chicago History Museum das Exponat »Sensing Chicago« nicht. Es gibt Besuchern die Möglichkeit, Hochrad zu fahren, den Großen Brand von Chicago zu hören, die Union Stock Yards zu riechen und sich in einen gigantischen Chicago-Style-Hotdog zu verwandeln.

44__Der Hof des 3 Arts Club

Akademie der Mädchen

In seiner fast 300-jährigen Geschichte diente der 3 Arts Club über 13.000 jungen Frauen als sicherer und erschwinglicher Hafen, während sie die »drei Künste« studierten: Musik, Malerei und Schauspiel. Der 1912 von einer Pionierin der Sozialarbeit, Jane Addams, und 30 weiteren Frauen aus Chicagos wohlhabendsten Familien gegründete Club finanzierte das prächtige byzantinische Gebäude in der pompösen Dearborn Street. Ziel war es, jeder Bewohnerin – alle vielversprechende junge Künstlerinnen – ein eigenes Zimmer sowie den Austausch mit anderen aufstrebenden Talenten zu ermöglichen, die ebenfalls neu in der Stadt waren, um gemeinsam den Weg in die Kunstwelt zu finden.

Das von Holabird & Roche entworfene Gebäude öffnete seine Pforten unter Rundbögen 1914 und bot bereits damals das volle Programm eines Künstlerrefugiums inmitten der Großstadt: Bibliothek, Teestube, Atelierräume, Speisesaal und drei Etagen mit Schlafräumen, die sich zu einem geräumigen Innenhof hin öffneten. Der Club gewährte den Mädchen Sicherheit wie Unabhängigkeit. Die letzte Studentin zog 2004 aus. Seither stand das Gebäude leer – bis 2015, als sich das Einrichtungshaus Restoration Hardware im 6.500-Quadratmeter-Tempel niederließ und das alte Wahrzeichen in ein sechsstöckiges Wohn-Spektakel verwandelte, das sich wie ein Museum anfühlt. Die große Freitreppe, die einst Newcomerinnen der Künste in ihr Schicksal entließ, ein verglaster Dachgarten mit atemberaubendem Blick auf die Gold Coast, eine historische Bühne, deren vergoldete Spiegel noch immer auf Hochglanz poliert schimmern – alles wurde liebevoll restauriert.

Das Kronjuwel jedoch ist der Innenhof, dank neuer Pyramide aus Glas und Stahl ganzjährig geöffnet. Es baumelt der größte Lüster Chicagos vom Pyramidion herab.

Von der nordkalifornischen Karte speist es sich in Sonnenschein gebadet und von Blumen, Olivenbäumchen und Formhecken umgeben ganz wunderbar.

Adresse 1300 N Dearborn Parkway, Chicago, IL 60610, Tel. +1 (312) 475-9116 | **ÖPNV** Subway bis Clark/Division (Red Line) | **Öffnungszeiten** Mo–Sa 10–20 Uhr, So 11–18 Uhr | **Tipp** Auf einen Tisch im Innenhof muss man meist warten. Machen Sie also das Beste draus, bestellen Sie ein Bellini oder ein Gläschen feinsten Champagner an der Espressotheke und machen Sie sich auf zum Dachgarten, wo Sie vor großartiger Kulisse am Schaumwein nippen können, bis ein Tisch frei wird.

45 Die Holzgassen

Ferne Tage der Pferdekarren

Im frühen 19. Jahrhundert, als amerikanische Städte nur davon träumen konnten, das Problem mit den schlammigen und unhygienischen Straßen in den Griff zu bekommen, kam der Bostoner Bauunternehmer Samuel Nicolson auf die Idee, die Straßen mit Holzblöcken zu pflastern.

Sein innovativer Einfall schaffte es bis nach Chicago, wo die neue Art der Wegbefestigung dank des reichen Holzvorkommens in Wisconsin eine preiswertere und weniger lärmige Alternative darstellte. Die Hufe der Arbeitspferde klapperten nun weicher über den Boden. Bis 1871 verfügte Chicago über 60 Kilometer holzgepflasterte Straßen; drei davon haben bis heute überlebt.

Das schönste Beispiel (und am einfachsten zu finden) ist die enge Gasse, die hinter der erzbischöflichen Residenz zwischen der State Street und der Aszor Street verläuft. Im nahe gelegenen Lincoln Park prunkt ein Ost-West-Sträßchen südlich der Webster Avenue und westlich der Hudson Avenue mit ausgetretenem Holzboden. Eine weitere winzige, schwer auffindbare Gasse südlich der Roscoe Street und westlich des Inner Drive ist ebenfalls mit Holz gepflastert. Man schließe die Augen und versetze sich in jene Tage zurück, als hier noch Pferde die Straßen entlangtrotteten.

Die Bodenbefestigung verlangte Weiß-Eichen- oder Zedernblöcke, die lose in einem Sandbett verlegt wurden; die Spalten füllte man mit einer Mischung aus Kies und Teer. Der neuen Erfindung war nur eine kurze Blüte beschieden, da sich die Holzblöcke sowohl als rutschig als auch als übel riechend erwiesen. Zudem sogen sie Flüssigkeit auf und neigten daher zum Vermodern. Schließlich wurde das Holz durch Ziegeln oder Pflastersteine ersetzt.

Entgegen der allgemeinen Annahme wurden die Holzblöcke chemisch behandelt und widerstanden Feuer gut. Als beim Großen Brand von Chicago 1871 die Straßen in Flammen standen, überlebten die hölzernen Gassen das verheerende Feuer.

Adresse Sträßchen hinter 1555 N State Parkway; Ost-West-Straße südlich Webster Avenue und westlich Hudson Avenue; Sackgasse südlich der Roscoe Street, westlich des Inner Drive | Tipp Die 1885 auf Anweisung des Most Reverend Patrick A. Feehan, des ersten Erzbischofs von Chicago, erbaute historische erzbischöfliche Residenz im N State Parkway 1555 beherbergte sieben Erzbischöfe. Beachtenswert sind die zwei Eingangsfassaden, eine für Fußgänger und eine für Droschken, deren Eingänge in ihrer Größe an ihre Funktion und an die Straßen angepasst wurden, an denen sie liegen.

46 Die Honig-Kooperative

Urbane Bienenstöcke

Umsummt Sie plötzlich ein Schwarm Honigbienen, während Sie die Straßen von Chicago entlangspazieren, so träumen Sie nicht etwa. Dank der »Chicago Honey Co-op« wimmelt es in der Stadt nur so von Bienen. Die Organisation mit Sitz in Lawndale kombiniert Jobtraining mit der Kunst der Imkerei. Seit 2004 brummen hier über 50 urbane Bienenstöcke. Die Stadtbewohnerinnen durchstreifen den Humboldt, den Garfield und den Douglas Park, wo eine Vielzahl von Blumen und blühenden Bäumen mit je verschiedenem hochkonzentrierten Nektar für einen intensiv schmeckenden, vollkommen natürlichen Honig sorgt. Zusätzlich zur Honigproduktion unterrichtet die Kooperative das Handwerk der Imkerei, betreut schwer vermittelbare Arbeitslose und unterstützt nachhaltige Landwirtschaft.

Wer die Chigagoer Bienen in Aktion sehen will, begebe sich zu einer der drei Bienenfarmen. Schulze & Burch Biscuit Company in Bridgeport (1133 W 35th Street) beherbergt 20 Bienenstöcke; auf dem begrünten Dach von Christy Webber Landscaping (2900 W Ferdinand Street) steht eine Handvoll. Zwölf Bienenstöcke befinden sich in Back of the Yards nahe der 51st und der Racine Street; zwei nennen Patchwork Farms (2825 W Chicago Avenue) ihr Zuhause. Wer Glück hat, sieht die Imker bei der Arbeit. Zu erkennen sind sie an ihrer hellen Kleidung und den Netzhüten. Sie überprüfen die »Zargen« – die Schubladen, in denen die fleißigen Immen den Honig verstauen. Rauchschwaden von der teekesselförmigen Rauchmaschine beruhigen die Tiere, während ein großer Feger eingesetzt wird, um sie sanft von den Zargen fortzuscheuchen und ihre klebrig süßen Köstlichkeiten freizulegen.

Die Kooperative ist ein Gemeindeprojekt, das mehr hervorbringt als bernsteinfarbene Schätze zertifizierten natürlichen Honigs. Da die Zahl der wild lebenden Bienen besorgniserregend sinkt, reicht diese Initiative die Fackel der Imkerkunst an urbane Farmer weiter, kümmert sich ums Viertel und rettet Honigbienen, Stock für Stock.

Adresse 2000 W Carroll Avenue, Chicago, IL 60612, Tel. +1 (312) 508-8142, www.chicagohoneycoop.com | ÖPNV Subway bis Ashland (Green und Pink Line) | Öffnungszeiten Die Apiarien haben je nach Wetter und Jahreszeit unterschiedliche Öffnungszeiten. Rufen Sie am besten vorher an. | Tipp Wer den Bienen nicht über den Weg traut, kann den Honig der Kooperative auch auf dem bienenfreien Green City Market erstehen. Es handelt sich um Chicagos einzigen ganzjährig stattfindenden Farmer-Frischmarkt. Man findet ihn am Südende des Lincoln Park (1817 N Clark Street, www.greencitymarket.com). Von November bis Ende April zieht der herrlich grüne Markt ins Peggy Notebaert Nature Museum (2430 N Cannon Drive, www.naturemuseum.org).

47 Die Hotdog-Fabrik

Lass mal das Ketchup weg

Ein klassischer Hotdog im Chicago-Stil ist ein »Vienna Beef frankfurter« – ein gekochtes, gedämpftes oder gegrilltes Rindswürstchen – in einem Mohnbrötchen, garniert mit gelbem Senf, das dann einmal »durch den Garten geschleift« wird. Will heißen, es wird mit gehackten weißen Zwiebeln, süßem Relish, einer eingelegten Dillgurke, Tomatenscheiben, Peperoni und der entscheidenden Prise Selleriesalz verfeinert.

Man verbiete sich den Gedanken an Ketchup. Um keinen Preis erlaube man sich ein solches Sakrileg. Die herzhafte Mahlzeit für nur einen Nickel wurde zunächst in der Maxwell Street von Karren aus verkauft. Als die Austro-Ungarn Emil Reichel und Sam Ladany ihre »Vienna Beef hot dogs« während der Weltausstellung 1893 verkauften, waren sie damit so erfolgreich, dass sie sich einen ersten eigenen Laden in der Near West Side in der S Halsted Avenue 417 leisten konnten.

Nicht lange danach wurden »wieners« in Brötchen zum Hit in Baseballparks, auf Messen und Jahrmärkten und bei anderen Sportevents. Seit 1908 wurden die Hotdogs per Pferdewagen in ganz Chicago ausgeliefert; 1928 wechselte man zu einer motorisierten Flotte.

In der heutigen »Vienna Beef Hot Dog Cafeteria« beißt man in fabrikfrische Hotdogs mit allem gebotenen Drum und Dran – zusammen mit Pause machenden Angestellten aus der Stadt, die diesen köstlichen Kult-Hotdog überhaupt erst möglich machen. Es ist nicht schick hier, man muss sich ein Tablett nehmen und während der Stoßzeiten in der Schlange mit dem Pausenvolk warten. Aber es ist sauber und freundlich; die Hotdogs werden von Meisterhand frisch zubereitet.

Der Shop vorn verkauft kistenweise hausgemachte Hotdogs, aber auch verpackte Bagel-Dogs, Corned Beef, Pastrami, Mohnbrötchen und alle Zutaten für ein Sommerpicknick. T-Shirts und andere Merchandising-Artikel für Liebhaber des Chicagoer Würstchens, die der Welt ihre Leidenschaft demonstrieren möchten, sind ebenfalls zu haben.

Adresse 2501 N Damen Avenue, Chicago, IL 60647, Tel. +1 (773) 435-2309, www.viennabeef.com | ÖPNV Subway bis Damen (Blue Line), dann CTA Bus 50 bis Fullerton & Damen | Öffnungszeiten Mo – Fr 8 – 15 Uhr, Sa 10 – 15 Uhr | Tipp Der »Wiener Circle« ist eine Art Hall of Fame für Hotdogs, die knackig gegrillte »Vienna Beef dogs« mit einer Beilage aus Beleidigungen serviert. Die Kellner hier sind berüchtigt für ihre Publikumsbeschimpfungen – teils im Scherz, teils feindselig. Kommen Sie also mit einer Extraportion Selbstbewusstsein (2622 N Clark Street).

48 Hull House

Geist des amerikanischen Traums

Als die frühe Aktivistin, Sozialarbeiterin und Friedensbewegte Jane Addams 1889 in Chicago ankam, hatte sie ein Ziel im Sinn: ein Refugium einzurichten, in dem neu Zugewanderte ihren amerikanischen Traum durch Lernen, kreatives Schaffen und Phantasie verwirklichen konnten. Sie suchte sich hierfür einen Ort in einem Viertel der West Side aus, wo Neuankömmlinge aus aller Welt lebten, ein »vornehmes altes Haus, von der Straße etwas zurückgebaut und zu drei Seiten von einer breiten Piazza umgeben«. Sie und ihre Mitstreiterin Ellen Gates Starr verwandelten es in »Hull House«, das erste Haus der Settlement-Bewegung in Chicago, das am 18. September 1889 eröffnet wurde. 1907 hatte sich das »vornehme alte Haus« zu einem lebhaften Gemeindezentrum entwickelt. Tausende Menschen strömten jede Woche herbei. Hier konnten sie Lesen und Schreiben oder ein Handwerk erlernen, schwangere Frauen konnten zur Niederkunft herkommen, man konnte Kinder zur Tagespflege abgeben, einem Club beitreten, Zuflucht vor familiärer Gewalt suchen oder sich ein Buch auszuleihen – es ist unmöglich, die immense soziale, erzieherische, künstlerisch fördernde Bedeutung von Hull House für die Gemeinde voll zu ermessen.

Das Haus ist auch Geburtsort vieler urbaner Legenden. Einer Legende zufolge, die während der Blütezeit des Hauses entstand, brachte einst eine Frau ein Baby mit spitzen Ohren, Hörnern, schuppenbedeckter Haut und einem Schwanz hierher, das man auf dem Speicher wegschloss. Mieterinnen des ersten Stocks stellten stets einen Krug mit Wasser auf die Speicherschwelle – da Geister nicht an fließendem Wasser vorbeikommen. Diese Mär soll die Inspiration für den Film »Rosemary's Baby« gewesen sein. Als neugierige Nachbarn wegen der angeblichen Spukerei zu fragen begannen, reagierte Addams mit der Geschichtensammlung »The Long Road of Woman's Memory« (1922), in der sie sich tief gehend mit der Bedeutung von Mythen im Leben von Frauen auseinandersetzte.

Adresse 800 S Halsted Street, Chicago, IL 60607, Tel. +1 (312) 413-5353, www.hullhousemuseum.org | ÖPNV Subway bis UIC-Halsted (Blue Line) | Öffnungszeiten Di–Fr 10–16 Uhr, So 12–16 Uhr | Tipp Öffentliche Führungen gibt es mittwochs und sonntags um 13 Uhr, sie werden von Bildungsbeauftragten des Museums durchgeführt. Treffpunkt ist der Eingang von Hull House. Reservierungen sind nicht notwendig, und der Eintritt ist frei, aber Spenden für das Museum sind immer willkommen.

49 Iwan Ries & Co.

Wo König Tabak noch regiert

Einst war Chicago eine Stadt der Raucher, in der nahezu jeder Mann, ob arm oder reich, einen tiefen Zug aus einer guten alten Zigarre oder Pfeife mit Dufttabak zu genießen verstand. Heute hingegen findet man dank des Anti-Tabak-Gesetzes »Smoke Free Illinois Act« von 2008 nicht mal in der heruntergekommensten Spelunke noch einen Raucher. Im Viertel Loop jedoch gibt es eine geheime Lounge, in der man nach Herzenslust drauflospaffen kann. Zur Auswahl stehen einige der feinsten Tabake der Welt. In Iwan Ries' elitärer Lounge erleben Zigarren ihr Comeback; das Pfeiferauchen war eh nie aus der Mode.

Seit 1857 versorgt man lustbetonte Schmaucher aus aller Welt mit Tabak, Pfeifen, Feuerzeugen und weiterem Zubehör. Der Familienbetrieb ist der älteste Tabakladen des Landes. Machen Sie sich darauf gefasst, von Edelqualm eingehüllt zu sein, sobald sich der Aufzug zum Laden in der ersten Etage des von »Adler and Sullivan« 1881 designten Jewelers Building öffnet. Reihenweise Zigarren zieren die Vitrinen, während über 15.000 Pfeifen an den Wänden hängen, darunter auch eine bemerkenswerte Sammlung antiker Pfeifen, Schnupftabakdosen und Anzünder. Unter den verschiedenen Tabakmischungen sticht vor allem die ladeneigene Mischung »Three Star Blue« heraus.

Treten Sie ein in die Smoking Lounge, lassen Sie sich in einen der Ledersessel fallen und sowohl den Tabak als auch die Aussicht auf die Wabash Avenue und die Linie L auf sich wirken, die sich durchs Loop schlängelt. Das Paradies des blauen Dunstes entging dem Raucherbann nur knapp und ist seither Chicagos einziger Tabaktempel. Sie können für einen einmaligen Besuch zahlen oder aber Mitglied werden, wodurch Sie phantastische Vergünstigungen erhalten, zum Beispiel einen Kartenschlüssel oder Einladungen zu privaten Degustationen und Events. In der Lounge gilt »BYOB«, man muss sich seinen Drink also selber mitbringen, den Lieblingscognac oder -portwein etwa. Gläser werden gestellt.

Adresse 19 S Wabash Avenue, Chicago, IL 60603, Tel. +1 (312) 372-1306, www.iwanries-hub.com | **ÖPNV** Subway bis Monroe (Red Line) oder bis Randolph/Wabash (Brown, Green, Orange, Pink und Purple Line) | **Öffnungszeiten** Mo–Fr 9–17.30 Uhr, Sa 9–17 Uhr | **Tipp** Chicagos Markenzeichen, die Jewelers Row, erstreckt sich an der Wabash Avenue über zwei Blocks zwischen E Washington Street und E Monroe Street – der ideale Ort, um sich einen Verlobungsring auszusuchen. Beim Jewelers Center im Mallers Building, einem prächtigen Art-déco-Gebäude von 1912, sind über 180 verschiedene Juweliere unter einem Dach ansässig (5 S Wabash Avenue, www.jewelerscenter.com).

50 Johnny Weissmullers Pool

Tarzans Trainingsteich

1929 öffnete der »Medinah Athletic Club« unter großem Applaus die Pforten. Der exklusive private Club war ein nobler Tummelplatz für die aufsteigende Hautevolee der Reichen und Berühmten Chicagos. Über fünf Millionen Dollar gingen drauf beim Bau des assyrisch inspirierten Clubhauses mit 42 Stockwerken und einer goldenen maurischen Kuppel, die als Andockstelle für Luftschiffe diente. Mini-Golfrasen, Billardhalle, Schieß- und Bogenschießstand, Rennbahnen, Turnhalle, Bowlingbahnen und ein Boxring forderten die 3.000 Mitglieder des Clubs sportlich heraus. Im 14. Stock glitzert der Johnny-Weissmuller-Pool, ein Art-déco-Juwel, das an das Goldene Zeitalter Spaniens erinnert.

Der in den 1930ern und 1940ern auf der Leinwand als Tarzan bekannte Johnny Weissmuller war auch Wettkampfschwimmer mit einer Anzahl Rekorde im Trophäenschrank. Wenn er in Chicago weilte, tauchte der Traumkörper Hollywoods in jenen Swimmingpool ein, der heute nach ihm benannt ist.

Das Sprungbrett des drei Meter tiefen Beckens ist Vergangenheit, man kann hier jedoch noch immer ins Wasser hechten, Runden schwimmen oder nach einem hektischen Shopping-Tag auf der »Magnificent Mile« chillen. Man beachte die zinnglasierten Majolika-Fliesen, die den Rand des blau gekachelten Pools säumen. Zur marinen Motivik passt auch die Terrakotta-Statue des Neptun an der Ostwand, die von Fischfontänen mit weit geöffneten Mäulern umgeben ist. Wenn das Licht durch die Fenster mit ihrem schuppenförmigen aquamarin- und saphirfarbenen Glas scheint, spiegeln sich magische Fischschwärme auf dem Wasser. Einst war Schwimmen ein beliebter Zuschauersport, bestellen Sie also einen Cocktail, legen Sie sich auf eine der Chaiselongues am Pool und stellen Sie sich vor, wie die Synchronschwimm-Ikone Esther Williams vor Ihren Augen graziös ins Becken taucht, so wie sie es in den 1940ern tat, als dieser Pool einer der glamourösesten Orte der Stadt war.

Adresse InterContinental Chicago, 505 N Michigan Avenue, Chicago, IL 60611, Tel. +1 (312) 944-4100, www.icchicagohotel.com | ÖPNV Subway bis Grand (Red Line) | Öffnungszeiten Mo – Fr 6 – 22 Uhr, Sa, So 7 – 22 Uhr | Tipp In der N Michigan Avenue serviert die Billy Goat Tavern Bier und »Cheezborger, cheezborger, cheezborger, no fries, chips«. John Belushi machte diese Zeile in »Olympia Café«, einem Sketch aus »Saturday Night Live«, der durch diese Taverne inspiriert wurde, unsterblich. (430 N Michigan Avenue, Erdgeschoss, www.billygoattavern.com)

51 Der Jungbrunnen

Pump dir Lebenskraft

Schon ewig sucht die Menschheit nach dem magischen »Fountain of Youth«, jenem schwer auffindbaren Jungbrunnen, der die Kraft und Vitalität eines jeden erhält, der aus ihm trinkt oder darin badet. Conquistador Juan Ponce de León mag die gesamte Neue Welt nach der legendären Quelle durchkämmt haben, er kam jedoch nie darauf, im Chicagoer Naturschutzgebiet Schiller Woods nachzuschauen, das direkt an der Irving Park Road liegt.

An jedem beliebigen Tag schleppen Menschen ihre vielgestaltigen Trinkgefäße zu dieser quietschenden Handpumpe, aus der die heiligen Wasser der Gesundheit und Langlebigkeit sprudeln sollen. Der mysteriöse Brunnen, der 1945 hier angebracht wurde, könnte selbst eine Verjüngungskur vertragen. Es braucht schon einige Muskelkraft und ziemlich viel Gequietsche, um das Wasser aus der besonderen Wasserschicht emporzupumpen, die über 25 Meter tief im Boden liegt.

Obwohl chemische Analysen darauf beharren, es handele sich um gewöhnliches Brunnenwasser, insistieren die mit Flaschen bewehrten Gläubigen nicht minder entschieden, dieser Quell schmecke nicht nur besser, sondern sorge auch für Wohlbefinden.

Die Mineralienkonzentration fällt tatsächlich höher aus als bei Nullachtfünfzehn-Leitungswasser; der Eisenspiegel ist niedrig, und Fluorid und Chlor sind auch nicht zugesetzt. Trotz der treuen Jüngerschar hat jedoch noch niemand herausfinden können, ob das Wasser seine Trinker in alle Ewigkeit hüpfgesund erhält. Unbedenklich ist es sicher, das bescheinigt die Gesundheitsbehörde. Es mundet auch wirklich exzellent und hat keinen metallischen Nachgeschmack – abgesehen vielleicht von einem leichten Schwefelabgang, der an die ihm innewohnende Kraft erinnert.

Bei jedem Wetter und zu jeder Jahreszeit stehen die Gläubigen hier Schlange, um an ihre Tagesration des mysteriösen Wassers zu gelangen. Bringen Sie einen oder zwei Krüge mit und pumpen auch Sie sich ewige Lebenskraft.

Adresse N Cumberland Avenue und W Irving Park Road, www.fpdcc.com/schiller-woods | **ÖPNV** Subway bis Irving Park (Blue Line), dann CTA Bus 80 bis Cumberland & Irving Park | **Tipp** Der Jungbrunnen liegt auf der Südseite der Irving Park Road, westlich der Cumberland Avenue. Nachdem Sie schon etwas für Ihre Langlebigkeit getan haben, nichts wie hinüber zum Flugfeld östlich des Brunnens, wo Enthusiasten nicht nur Modellflugzeuge steigen lassen, sondern auch ufoartige Drohnen und Hubschrauber.

52 Das Klo der Signature Lounge

Örtchen mit Ausblick

Selten belohnt der Toilettenbesuch Gäste mit liebevollen Erinnerungen. Aber frau schleiche sich nur zum Damen-WC in der »Signature Cocktail Lounge« und wird auf der Stelle bezaubert sein. Der Blick vom 95. Stock des kultigen John Hancock Building fesselt mit einer Klo-Erfahrung, wie man sie nirgendwo anders macht – dank der Wow-Fenster vom Boden bis zur Decke, die Aussichten auf die Stadt aus der Vogelperspektive bieten. An einem klaren Tag kann frau den Lippenstift nachziehen oder Puder auflegen, während sie sich einen Blick auf vier Bundesstaaten gönnt; die Sichtweite beträgt über sechs Kilometer. Nehmen Sie sich Zeit, denn die Ausblicke lohnen es, sich gründlich den Atem rauben zu lassen, besonders in einer klaren Nacht.

Als das fast 100 Stockwerke und 335 Meter hohe John Hancock Center 1968 eingeweiht wurde, war es das zweithöchste Gebäude der Welt. Heute ist es noch immer das vierthöchste Chicagos und das achthöchste der Welt. Es wurde samt seiner markanten, mit X-Mustern versehenen Fassade vom Bauingenieur Fazlur Khan entworfen und unter Aufsicht der Chicagoer Architekten »Skidmore, Owings and Merrill« gebaut. Die Aufzüge des Centers zählen zu den schnellsten der Welt; Gäste sausen in 40 Sekunden vom Erdgeschoss in die Cocktail Lounge im 95. Stock. In diesem Restaurant wurden schon viele Verlobungen und Jubiläen gefeiert, aber für den »Signature Room« ist jeder Anlass genau der richtige, um »on top of the 'cock« am Cocktail zu nippen. Probieren Sie einen der originären Hauscocktails der Lounge, den »Gold Coast« (Beefeater Gin, Aperol, Lemon Sour) oder den »Signature Room Punch« (Myer's Rum, Cruzan, Lime Sour, Grenadine, Ananas- und Orangensaft).

Wer nicht schwindelfrei ist, meide das Gebäude an windigen Tagen; es schwankt beträchtlich – manchmal bis zu 25 Zentimeter! –, was den Gang zum Örtchen noch abenteuerlicher gestaltet.

Adresse John Hancock Center, 875 N Michigan Avenue, 95. Stock, Chicago, IL 60611, Tel. +1 (312) 787-9596, www.signatureroom.com/lounge | **ÖPNV** Subway bis Chicago (Red Line) | **Öffnungszeiten** So–Do 11–12.30 Uhr, Fr, Sa 11–1.30 Uhr | **Tipp** Im 93. Stock des John Hancock Center können sich mutige Gäste 10 bis 30 Grad aus dem Gebäude herauslehnen, und zwar auf dem sogenannten »Tilt«, acht beweglichen, von Plexiglas umschlossenen Erkern, von denen man einen beklemmenden Blick in den Abgrund hat.

53 Die Körperscheiben

Letzte Ruhe in Plexiglas

Stellen Sie sich vor, Sie steigen dunkle Stufen hinab und stehen plötzlich zwei Kadavern gegenüber, die in zentimeterdicke Scheiben geschnitten und zwischen klare Plexiglasscheiben gepresst wurden. Über Jahre wurden diese gruseligen Querschnitte in einem spärlich beleuchteten Treppenhaus versteckt und versetzten kleine Kinder, die darüber stolperten, in Angst und Schrecken. Die ebenso verstörten Eltern sahen sich gezwungen, Fragen über Fragen zu beantworten: »Sind das wirklich tote Leute?«, »Wer hat die aufgeschnitten?«, »Warum?«.

Und doch handelt es sich hier nicht um eine makabre Sensation in einem Spukhaus. Die unheimlichen und doch faszinierenden Leichenscheiben wurden viele Jahre in Chicagos renommiertem Museum of Science and Industry (MSI) verborgen gehalten.

Wer waren diese armen Seelen, die aus ihrem Grab aus Plexiglas heraus nun auf immer Kinder verschrecken?

Die beiden Toten haben ihre Körper Ende der 1920er Jahre einem Arzt gespendet, der damals im heutigen Michael Reese Hospital arbeitete. Ihre sorgfältig zerlegten und präparierten Leichen wurden 1933 auf der »A Century of Progress Exposition« (der zweiten Weltausstellung, die in Chicago stattfand) gezeigt, bevor der Doktor sie als Leihgabe dem neu eröffneten MSI zukommen ließ. Man platzierte sie dort im »blauen Treppenhaus«. Sie wirken, als seien sie kurz davor, aus ihren Plexiglashüllen herauszuquellen, um sich ein anständiges Begräbnis zu verschaffen. Stattdessen gesellten sich den Körperscheiben ihre moderneren Freunde hinzu – Körper, die akribisch, mittels Spezialkunststoffen und nach einer Methode namens »Plastination« konserviert wurden. Sie bilden einen Teil der dramatischen Gesundheitsausstellung »YOU! The Experience«. Obwohl es sich um eine Art transparenten Friedhof handelt, liegt der Schwerpunkt auf Gesundheit und Wohlbefinden und einem Verständnis für die aufregenden Innenwelten unseres Körpers. Alle Spenden erfolgten freiwillig zu diesem Zweck.

Adresse Museum of Science and Industry, 5700 S Lake Shore Drive, Chicago, IL 60637, Tel. +1 (773) 684-1414, www.msichicago.org | ÖPNV Zug bis 55th-56th-57th Street (Metra Electric und South Shore Line) | Öffnungszeiten Mo–So 9.30–16 Uhr; Infos zu abweichenden Öffnungszeiten auf der Website | Tipp In einer kleinen verdunkelten Galerie neben der Ausstellung »YOU! The Experience« sind 24 menschliche Embryos und Föten von 28 Tagen bis 38 Wochen zu sehen. Sie gehören zur »Prenatal Development Collection«. Alle starben aufgrund von Unfällen oder natürlichen Ursachen und wurden in den 1930ern von Dr. Helen Button gesammelt.

54 Die Kuppel auf dem LondonHouse

Jawort im Himmel

Wenn Sie die Frage stellen wollen, dann tun Sie es hier, 23 Stockwerke über Straßenniveau in der von Frischluft umwehten Kuppel dieses Wahrzeichens der 1920er Jahre. Ein majestätischer 360-Grad-Panoramablick auf den Chicago River und Downtown umgibt Sie, während Sie auf ein gemeinsames Leben anstoßen und am exklusivsten privaten Dinner-Spot der Stadt am Champagner nippen.

Das vom Chicagoer Architekten Alfred S. Alschuler im Jugendstil errichtete »London Guarantee & Accident Building« steht am Südufer des Chicago River am früheren Standort des Fort Dearborn. Das Fort selbst wurde 1808 gebaut und spielte in der frühen Geschichte Chicagos eine bedeutsame Rolle als Zeuge einer großen Schlacht im Jahr 1812. Ein Bronzerelief über dem Haupteingang am East Wacker Drive stellt die berühmte Festung dar. 2013 wandelte sich das zu ehemaligem Glanz und Gloria restaurierte Gebäude zum LondonHouse Hotel. 2016 wechselte es für coole 315 Millionen Dollar den Besitzer und wurde so zum teuersten Hotel Chicagos – der Preis pro Zimmer betrug 697.000 Dollar. Der Name des Hotels ist eine Verneigung vor dem berühmten Nachtclub im Erdgeschoss, in dem von den 1950ern bis in die 1970er viele Jazzgrößen spielten.

Die tempelartige runde Kuppel erinnert an das Lysikratesmonument in Athen. Die von majestätischen Säulen gestützte Kuppel mit eingemeißeltem X-und-O-Muster bietet nur zwei Sitzplätze, scheint ohnehin mit romantischen Hintergedanken errichtet worden zu sein und dient denn auch als Chicagos Heiratsantrags-Location Nummer eins. Für 1.000 Dollar bekommen Sie alles, was Sie brauchen: eine Kniebank, eine Flasche Dom Perignon und Prozente auf die Hochzeit, sollten Sie sie im LondonHouse Hotel feiern. Ein strahlendes »Ja!« kann keiner garantieren, aber der Sternenhimmel und die Lichter der Großstadt sind hilfreiche Boni.

Adresse 85 E Upper Wacker Drive, Chicago, IL 60601, Tel. +1 (312) 357-1200, www.londonhousechicago.com | **ÖPNV** Subway bis State/Lake (Brown, Green, Orange, Pink und Purple Line) | **Öffnungszeiten** nur nach Reservierung | **Tipp** Das nahe gelegene Jewelers Building schmückte sich einst mit Auto-Aufzügen, die um die Sicherheit ihrer Schätze besorgte Juweliere in sichere Parkgaragen auf 23 Etagen transportierten. Während der Prohibition befand sich in der Kuppel des Jewelers Building Al Capones Flüsterkneipe »Stratosphere Club«. Beachten Sie auch die gruselige, von blutroten Glühbirnen umrandete Uhr an der Fassadenecke zum Wacker Drive, die die Zeit als »Father Time« mit seiner teuflischen Sense darstellt (35 E Wacker Drive).

55 Das Kusanya Cafe

Ein Herz für den Brennpunkt

Außerhalb Chicagos ist Englewood aus Spike Lees Filmdrama »Chi-Raq« bekannt und gilt als von Gewalt heimgesuchter sozialer Brennpunkt – mit 46,6 Prozent Haushalten, die unterhalb der Armutsgrenze leben, einer Kriminalitätsrate, die um 105 Prozent höher liegt als der Landesdurchschnitt, einer Arbeitslosenquote von 28 Prozent und einer beklemmenden Mordrate, der höchsten in Chicago. In Englewood ist es für lokale Geschäfte schwer, zu florieren, dennoch gibt es Hoffnung.

Das Kusanya Cafe, wohltätiges Café, Rösterei und Galerie von rustikalem Chic in einem, ist in einem über 100 Jahre alten Gebäude untergebracht und bietet mit jedem Kaffee, der hier für nur einen Dollar pro Tasse serviert wird, Gemeinschaftssinn, ein bisschen Frieden und eine Menge Liebe.

Als Phil Sipka und einige seiner Nachbarn 2013 das kleine Café in Englewood eröffneten, war es ihnen wichtig, dies gerade in dieser gewaltgeplagten Ecke jener Stadt zu tun, die ihr Verbrecher-Image nur schwer loswird. Bewusst verzichteten sie auf Security, Sicherheitstüren und kugelsichere Jalousien. Stattdessen sollte dies ein Ort sein, an dem jeder willkommen ist und tagtäglich auf freundschaftliche Unterstützung zählen kann. Dazu passt, dass »Kusanya« auf Swahili »zusammenkommen« bedeutet.

Zusätzlich zu frisch geröstetem und von Expertenhand aufgebrühtem Kaffee gibt es den ganzen Tag über Frühstück und Sandwiches. Hier gedeihen freie, community-basierte Kunst, Kultur und Bildungsprogramme. Samstagmorgens gibt es Yoga, und jeden zweiten Samstag im Monat ist Open Mic für Geschichtenerzähler aus dem Viertel und der City. Gemälde lokaler Künstler säumen die Ziegelwände. Im Kusanya bestellt man nicht zum Mitnehmen, sondern zum Bleiben. Rechnen Sie mit lebhaften Gesprächen und Zufallsbegegnungen, lassen Sie die Schlagzeilen hinter sich und überlassen Sie Ihre Vorurteile der Erschütterung.

Adresse 825 W 69th Street, Chicago, IL 60621, Tel. +1 (773) 675-4758, www.kusanyacafe.org | **ÖPNV** Subway bis 69th (Red Line) | **Öffnungszeiten** Mo–Sa 7–17 Uhr | **Tipp** Lohnend ist auch ein Besuch des Farmer's Market, den das Kusanya Cafe am ersten und dritten Mittwoch im Monat von 16 bis 18 Uhr veranstaltet.

56 Das Leopardenhaus

Wilde Fassade

Rogers Park ist bekannt für seine Kunstszene. Ein paar Häuser in diesem sehr vielfältigen Viertel tanzen komplett aus der Reihe, etwa das Müll-Haus in der W Lunt Avenue 1790, dessen Vorgarten einen absichtsvollen Mix aus Müll zur Schau stellt, oder das »Candyland House« (1525 W Pratt Boulevard) in den Bonbonfarben der Brettspiele von Hasbro. Das »Leopard-Print House« in der W Estes Avenue 1623 wiederum präsentiert sich mit der wildesten Fassade von allen.

Man mag es lieben oder hassen – das einzige Eigenheim des Viertels im Leopardenlook ist auf jeden Fall ein unvermeidlicher Hingucker. Es wirkt wie ein wildes Tier, das sich in der Stadtlandschaft zu tarnen versucht und dabei kläglich scheitert. Zwischen den zahmeren Häusern in der W Estes Avenue thront es mit gleichermaßen majestätischer wie komischer Aura und macht sich über Angepasstheit und fehlgeschlagenes Dazugehörenwollen lustig. Als die Bewohner es am 1. April 2007 – vorgeblich – zum Verkauf anboten, hatten sie einen Heidenspaß daran, eifrigen Stadtentwicklern, die einen einmaligen Deal witterten und sich entsprechend ranschmissen, an der Tür entgegenzurufen: »April, April!« Offiziell heißt das Bauwerk »Roger Spark Presents Wes Testes's Faerie Castle: Asbestos-on-Estes«. Die Leute nennen es »Castle« oder »Leopard-Print House«, wobei es sich jedoch um eine Fehlbezeichnung handeln könnte, denn ob es sich um ein Leoparden-, ein Geparden-, ein Jaguar- oder gar ein Giraffenmuster handelt, ist nirgends verbürgt. In den frühen, noch undomestizierten Tagen fanden hier viele wilde Partys statt. Lassen Sie sich von der angriffslustigen Fassade aber nicht narren – dieses Haus ist so ruhig wie ein in die Jahre gekommene Hauskätzchen.

Vor 15 Jahren konnten sich die ursprünglichen Bewohner nicht auf eine Farbe für den Außenanstrich verständigen, sie waren sich aber einig, dass ein sexy Wildtiermuster gut passen würde. Ist es vulgär oder herrlich exzentrisch? Ihre Entscheidung. Eines ist jedoch sicher: Zwischen seinen gesetzteren Nachbarn ist es leicht zu finden.

Adresse 1623 W Estes Avenue, Chicago, IL 60626 | **ÖPNV** Subway bis Morse (Red Line) | **Tipp** »Moah's Ark« ist eine Stadtfarm mit vielen Hühnerställen, die sich zwischen zwei flache Apartmentblocks schmiegt. Sobald man ein freundliches Krähen hört oder einen stolzierenden Hahn trifft, weiß man, dass man da ist (1839 W Touhy Avenue).

57 Der Lichthof im Rookery

Strahlt von innen

Als es 1885 eröffnete, erschien das elfstöckige Rookery Building wie ein himmelhoher Wolkenkratzer, ein Wunder der Ingenieurskunst. Das einst höchste Gebäude Chicagos kostete happige 1,5 Millionen Dollar und galt als das eleganteste Bürohaus des Landes. Bis heute ist es die gefragteste Adresse an der Finanzmeile LaSalle Street und das älteste Hochhaus der Stadt.

Treten Sie ein in den prächtigen zweistöckigen Lichthof mit seiner Glasdecke, den weiß glasierten Ziegelwänden, den außergewöhnlichen Leuchten und der Wendeltreppe im Erker, und Ihnen wird sofort klar, warum man ihn als eines der grandiosesten Meisterwerke des Architekten Frank Lloyd Wright ansieht. Die lichtdurchflutete Anlage war gleichzeitig sein erster Großauftrag und ist seine einzige Arbeit in Downtown Chicago, die noch steht.

Der Lichthof lässt das viereckige Interieur des Rookery erstrahlen, das 1888 von den berühmten Chicagoer Architekten John Wellborn Root und Daniel Burnham vollendet wurde. Wright wurde 1905 beauftragt, die stahllastige Glasdecke der Lobby neu zu gestalten. So fügte er akribisch geplante Akzente im Prairie-Stil hinzu, darunter luxuriösen weißen Marmor mit persisch angehauchten Ornamenten, verschachtelte Treppengeländer, Zierleuchten und sein Markenzeichen, die Vasen am Fuß der Treppe. Ergebnis war ein modernisiertes Design, das die Lichteinstrahlung optimal verwertete.

Steigt man die gewundene, reich verzierte Treppe hinauf, die sich vom Balkon im ersten Stock bis zum 11. Stock hochschlängelt, versteht man, warum dieser Lichthof um die damalige Jahrhundertwende ein Ort zum Sehen und Gesehenwerden war. Benannt wurde das Bauwerk nach den vielen Tauben und Krähen (»rook«), die an der Außenfassade ihre Nester bauten, und nach den korrupten Politikern, die nach dem Großen Brand im Rathaus arbeiteten, das einst an dieser Stelle stand. Über dem Eingang in der LaSalle Street meißelte Architekt John Root auch einige Krähen in Stein.

Adresse 209 S LaSalle Street, Chicago, IL 60604, Tel. +1 (312) 553-6100, www.therookerybuilding.com | ÖPNV Subway bis Quincy/Wells (Brown, Orange, Pink und Purple Line) | Öffnungszeiten Mo–Fr 6–18 Uhr, Sa 6–14 Uhr | Tipp Vielleicht kennen Sie das Rookery Building aus »Kevin – Allein in New York«. Für den Film wurden die Fassade und einige der unteren Etagen zum Spielzeugladen »Duncan's Toy Chest« umfunktioniert. Das Gebäude spielte auch eine Hauptrolle im Film »Die Unbestechlichen« von 1987 – als Polizeihauptquartier von Eliot Ness.

58 Die Magic Hedge

Paradies der Ornithophilen

Fichtenwaldsänger und Schwarzkopfmöwen. Schnee-Eulen und Sägekäuze. Schwarzbauchtrappen und Amerikanische Sandregenpfeifer. Wenn diese Vögel den Lake Michigan überquert haben, setzen sie meist hier zum Sturzflug an, lassen sich nieder und bleiben eine Weile im sechs Hektar großen Schutzgebiet am See, wo dichte Hecken, Bäume mit gastfreundlichem Geäst und Dickichte den Luftakrobaten als Fünf-Sterne-Hotels dienen.

Viele Vögel lieben das »Montrose Point Bird Sanctuary« – auch als »Magic Hedge« bekannt –, ein mit kleinen Bäumen und Buschwerk bestandener Finger, der sich in den Lake Michigan hineinstreckt. Über 300 Vogelarten sind auf dieser inoffiziellen Landepiste für Chicagos gefiederte Freunde schon gesichtet worden. Die entlang einer natürlichen Zugroute gelegene »Hecke« zieht Vögel tatsächlich »magisch« an, denn sie ist die erste natürliche Deckung, die südlich fliegende Schwärme ansteuern können, nachdem sie den 500 Kilometer langen See überquert haben. Ihren Spitznamen hat sie allerdings von den menschlichen Besuchern, die in diesem friedvollen, abgeschiedenen Grün ganz andere Kräuter rauchen.

Im Frühjahr und Herbst wimmelt es hier von vogeliger Geschäftigkeit; viele der kleinen Flieger tanken Reserven. Frühmorgens, wenn die Sonne die Insekten weckt, findet man viele von ihnen am Frühstücksbüfett. Gehen Sie hinaus auf den nahe gelegenen Pier, wo Seetaucher und langgeschwänzte Enten herumplanschen. Im Winter bietet der schneebedeckte Sand die perfekte Tarnung für die schönen Schnee-Eulen, die in den letzten Jahren häufiger gesichtet wurden. Halten Sie auch am Himmel Ausschau, dann erhaschen Sie vielleicht gerade noch den Wanderfalken im Sturzflug. Sie gelangen zur »magischen Hecke«, wenn Sie der Montrose Avenue nach Osten folgen, dann den Lake Shore Drive überqueren und zum Seeufer im Lincoln Park gehen. Biegen Sie am Anglerladen rechts ab und folgen Sie der Kurve, bis das Vogelparadies zu Ihrer Linken erscheint.

Adresse 4400 N Simonds Avenue, Chicago, IL 60613 | **ÖPNV** Subway bis Lawrence (Red Line), dann CTA Bus 81 bis Marine Drive & Wilson | **Tipp** Cricket Hill, westlich der Magic Hedge, ist wegen seines baumfreien Hangs ein beliebter Platz zum Drachensteigenlassen. Jeden Mai kann man hier beim Kids & Kites Festival (www.chicagokite.com), einer jährlichen Tradition, die der ehemalige Bürgermeister und Drachenbegeisterte Richard M. Daley ins Leben rief, Chicagos Windkraft zu zügeln versuchen.

59 Magic Inc.

Hier kaufen Magier und Mentalisten

Rauchende Daumen, beidseitig bedruckte Bicycle-Karten, umfangreiche Handbücher zum Thema »Mind Control«, Devilsticks, Arm-Guillotinen, Springschlangen, spritzende Ansteckrosen – jeden Trick des Illusionisten-Gewerbes findet man in diesem legendären Geschäft, dessen versiertes Personal ausnahmslos zur Zaubergilde gehört. Auch eine Akademie für angehende Gedankenleser, trainierende Taschenspieler und Magier in Ausbildung gibt es hier.

Vom späten 19. Jahrhundert bis in die wilden 20er wimmelte es in Chicago nur so von Zauberern. Viele kamen, um bei der Weltausstellung 1893 aufzutreten, in der Hoffnung, dort bekannt und erfolgreich zu werden. Später traten sie in Varietétheatern, Geschäften und Gaststätten auf, sogar an Straßenecken.

Der berühmte Magier Laurie L. Ireland, der vor allem dafür bekannt war, dass er die unglaublichsten Gegenstände aus dem Ärmel zauberte, eröffnete im Jahr 1926, als Chicago bereits als Mittelpunkt der Zauberszene galt, seinen Laden L. L. Ireland Magic Co. Später heiratete er seine Zauber-Kollegin Frances Ahrens Vandevier, die Gründerin der »Magigals«, einer Gesellschaft weiblicher Schwarzkünstler. Laurie starb 1954, und Frances übernahm das Geschäft. Später heiratete sie den bekannten Bauchredner Jay Marshall. Der Laden zog an seinen heutigen Standort und änderte seinen Namen in Inc. Er blieb bis heute in Familienbesitz. Jay Marshalls Sohn Alexander »Sandy« Marshall, ein in New York lebender Theaterproduzent und zweimaliger Emmy-Gewinner, teilt sich die Zeit zwischen NYC und Chicago auf, um das Familienunternehmen standesgemäß weiterführen zu können.

Möchten Sie sich beruflich verändern, so nehmen Sie doch an einem Kurs teil – für Anfänger oder Fortgeschrittene. Ein Theater im hinteren Teil des Ladens gibt aufkeimenden Talenten die Chance, neue Nummern auf der Bühne auszuprobieren. Magier-Magazine und Handbücher führen Sie durch buchstäblich jeden Trick, während das Personal gern die Kniffe des Handwerks demonstriert.

Adresse 1838 W Lawrence Avenue, Chicago, IL 60640, Tel. +1 (773) 334-2855, www.magicinc.net | ÖPNV Subway bis Damen (Brown Line) | Öffnungszeiten Mo–Do 12–18 Uhr, Fr 12–19 Uhr, Sa 10.30–17.30 Uhr, So 12–17 Uhr | Tipp Dennis Watkins, Ausnahme-Magier in der dritten Generation, bringt freitags und samstags einen Abend mit klassischer Zauberkunst in seinem »Magic Parlor« in Chicagos historischem Palmer House Hotel auf die Bühne. Bitte im Voraus buchen unter www.themagicparlourchicago.com.

60 Das Märchenschloss

Liliput im Goldrausch

Das ultimative verwunschene Märchenschloss, das war Colleen Moores Vision, überquellend vor kostspieligen Antiquitäten, bestückt mit Diamanten, erleuchtet von großen Lüstern, hochherrschaftlich in seiner eigenen Pracht schwelgend. In der Küche, in dem Ofen, in dem einst Hänsel und Gretel knapp dem Verbranntwerden bei lebendigem Leibe entgingen, werden nun Kuchen gebacken. König Artus' Tafelrunde mit Tellern und Besteck aus reinem Gold begrüßt die Gäste in der Speisehalle mit Wandteppichen. Dornröschen schlummerte einst im Schlafzimmer – die Decken aus goldenen Spinnweben gewirkt. In der Bibliothek stehen über 80 Bücher, darunter die kleinste Bibel der Welt. Am Eingang wartet eine Zauberkutsche darauf, die Prinzessin zum nächsten Ball zu fahren.

Atemverschlagende 500.000 Dollar (dies wären heute umgerechnet sieben Millionen) hat es gekostet, das Traumschloss Wirklichkeit werden zu lassen. Mit Einzugsplänen halte man jedoch an sich: Das prächtige Anwesen misst weniger als einen Quadratmeter.

Colleen Moore war ein Stummfilmstar des frühen Hollywood mit einer großen Passion für Miniaturen. 1928 heuerte sie den Hollywoodarchitekten und Filmset-Designer Horace Jackson (der bereits Moores Privatanwesen in Bel Air umgebaut und mit glamourösem Innendesign versehen hatte) an, den Grundriss für das Puppenhaus ihrer Träume zu entwerfen. Moore, die nicht nur als Schauspielerin, sondern auch als Geschäftsfrau brillierte, ließ das Puppenhaus durchs Land touren, um Spenden für bedürftige Kinder zu sammeln. So kam das Schlösslein herum und wurde in den ganzen USA in Schaufenstern ausgestellt. 1949 legte das Colleen Moore Fairy Castle einen letzten Stopp im Museum of Science and Industry ein, wo es heute in einer schwer auffindbaren Ecke noch immer steht. Beachten Sie auch die Mini-Wiege im Schaukelbaum des Magic Garden. Sie wurde mit Schmuck der Großmutter hergestellt und war Moores bevorzugtes Kunstobjekt im Liliput-Stil.

Adresse Museum of Science and Industry, Lower Level, 5700 S Lake Shore Drive, Chicago, IL 60637, Tel. +1 (773) 684-1414, www.msichicago.org | **ÖPNV** Zug bis 55th-56th-57th Street (Metra Electric und South Shore Line) | **Öffnungszeiten** Mo–So 9.30–16 Uhr; Infos zu abweichenden Öffnungszeiten auf der Website | **Tipp** Wollte der Däumling aus dem Märchen nach Chicago umziehen, ihm stünden sowohl Colleen Moores Märchenschloss als auch die 68 »Thorne Miniature Rooms« im Art Institute of Chicago zur Auswahl. Die von Mrs. James Ward Thorne entworfenen Miniaturräume wurden zwischen 1932 und 1940 im Maßstab ein Zoll (2,54 Zentimeter) zu ein Fuß (30,48 Zentimeter) gebaut. Die winzig kleinen Zimmer zeigen prächtige Inneneinrichtungen vom späten 13. Jahrhundert bis in die 1930er Jahre (111 S Michigan Avenue).

61 Der Maxwell Street Market

Wo Cash noch immer King ist

Wem nach einem Schnäppchen mit historischer Note ist, dem sei der Maxwell Street Market mit seinem internationalen Warenmix ans Herz gelegt. Von Gebrauchtreifen über Tamale bis hin zu Modetand bieten die Verkäufer so gut wie alles feil. Seit seiner Gründung in den 1840ern hat sich sein Wesen nicht sehr verändert. Seit Jahrzehnten hilft der Markt Start-ups, sich ihr Stück vom amerikanischen Kuchen zu sichern.

Zunächst fand der Markt in der Maxwell Street statt – einer Holzplankenstraße, die in den 1840ern vom südlichen Arm des Chicago River nach Westen zur Blue Island Avenue verlief. Neuankömmlinge aus fernen Ländern – Deutsche, Polen, Böhmen und viele Juden, die dem zaristischen Russland entkommen waren – ernannten Cash zu ihrem König und gründeten von Klapptischen oder wackligen Handwagen aus Firmenimperien. Bald mauserte sich der Markt zu einem Ort, an dem man einfach alles bekam, sei es neu oder gebraucht, legal oder illegal – und dies zu günstigen Rabattpreisen.

Während der »Great Migration« kamen Afroamerikaner hinzu, die hier ihr Glück machen wollten. Bald war der Markt berühmt für seine Straßenmusiker. Die Notwendigkeit, das Marktgeschrei zu übertönen, führte zur Erfindung eines neuen Genre, des elektrisierenden großstädtischen »Chicago Blues«, der seither den Sound der Stadt definiert. In den 1980ern und 1990ern überschwemmte die nächste Einwanderungswelle den Markt mit ihren Gütern. Die heute vorwiegend von mexikanischstämmigen Amerikanern geprägte Maxwell Street bietet das beste mexikanische und Latino-geprägte Essen des ganzen Landes. Der Bau des Dan Ryan Expressway (Interstate Highway 90/94) und die Erweiterung der University of Illinois at Chicago verschoben den Markt schließlich an seinen heutigen Standort im South Loop in der S Desplaines Street 800. Obwohl er kleiner ist als das Original, bleibt der Maxwell Street Market der Ort der Wahl für den gelungenen Deal – bei Livemusik und leckerem Streetfood.

Adresse 800 S Desplaines Street, Chicago, IL 60607, Tel. +1 (312) 745-4676, www.cityofchicago.org | ÖPNV Subway bis Clinton (Blue Line) | Öffnungszeiten So 7–15 Uhr | Tipp Manny's Coffee Shop & Deli tauchte kurz nach dem Zweiten Weltkrieg am Maxwell Street Market auf und ist noch immer eine der besten Anlaufstellen für traditionelle jüdisch-amerikanische Küche, die schnell und in ordentlichen Portionen serviert wird. Fotos, Zeitungsausschnitte und andere Memorabilien aus frühen Tagen säumen die Wände (1141 S Jefferson Street, www.mannysdeli.com).

62 Das McCormick Bridgehouse

Kultbrücke von innen

Wer Glück hat, kann ein Spektakel beobachten, das zuverlässig wie ein Uhrwerk zweimal pro Jahr stattfindet: Im Frühjahr werden die imposanten beweglichen Brücken von Chicago in sorgfältig orchestrierter Reihenfolge geöffnet – vom Süden über den Norden bis zum Osten –, während die Boote zum Saisonstart ihre Bootslager verlassen und die Häfen des Lake Michigan ansteuern. Im Herbst wiederholt sich das Spektakel, und die markanten Brücken öffnen sich, um die Schiffe zur Überwinterung ins Trockendock zu lassen. Wer sich gerade auf einer der Brücken befindet, wenn die Signale ertönen, rette sich, so schnell er kann, auf die andere Seite. Chicago hat mehr bewegliche Brücken als jede andere Stadt der Welt. Allein in Chicagos Downtown gibt es über 20 Brücken, die sich pro Jahr mehr als 30.000-mal öffnen, um über 50.000 Boote passieren zu lassen. Eine Zugbrücke des Chicagoer Typs zu heben und zu senken dauert acht Minuten.

Das McCormick Bridgehouse & Chicago River Museum, Teil der damals revolutionären Doppeldecker-Brücke Michigan Avenue Bridge von 1920 (heute DuSable Bridge), gibt Besuchern die Möglichkeit, eine der Kult-Brücken Chicagos auch von innen zu bestaunen und selbst zu erleben, wie die großen und kleinen Getriebe elegant ineinandergreifen, um zahllose Boote durchzulassen.

Das am Südende der Michigan Avenue gelegene 130 Quadratmeter große Museum beginnt auf Flussniveau und windet sich fünf Stockwerke empor. Exponate beleuchten sowohl die Geschichte des Flusses als auch die Wissenschaft und Technologie hinter dem Hebe-Spektakel. Ganz oben auf dem von Mai bis Oktober geöffneten »Bridgehouse« wartet ein 360-Grad-Panoramablick über die Stadt und den Fluss. Um bei den jährlichen Brückenöffnungen dabei sein zu können, muss man im Voraus reservieren. Die Termine stehen auf bridgehousemuseum.org/bridge-lifts.

Adresse 99 Chicago Riverwalk, Chicago, IL 60601, Tel. +1 (312) 977-0227, www.bridgehousemuseum.org | **ÖPNV** Subway bis State/Lake (Brown, Orange, Purple, Green und Pink Line) | **Öffnungszeiten** Mai–Okt Do–Mo 10–17 Uhr | **Tipp** Chicagos einziges Fisch-Hotel liegt im Fluss neben dem McCormick Bridgehouse Hotel. Das Fisch-Hotel ist eigentlich ein im Fluss schwimmender Garten und ein Refugium für Mondfische, Sonnenbarsche, Karpfen und andere Freunde mit Flossen, die die große Stadt durchqueren und hier die Nacht verbringen. Zählen Sie mal die Fische in der Seetang-Lobby (www.chicagoriver.org/about-us/success-stories/fish-hotel).

63 Die Meile der Bierbarone

Ein Vermögen zusammengebraut

Im Zentrum des bunt gemischten Viertels Wicker Park liegt der riesige dreieckige Park, den der frühe Stadtentwickler Charles Wicker und sein Bruder Joel der Stadt 1870 spendeten. Nach dem Großen Brand von Chicago plante das Duo eine Art Trabantenstadt auf ihren neu erworbenen 32 Hektar Land an der Milwaukee Avenue. Mit obdachlos gewordenen Menschen, die im Feuer alles verloren hatten und sich nun westwärts orientierten, um ihre Häuser und Leben wiederaufzubauen, machten sie ein Vermögen.

Zu den wohlhabenden, bierliebenden nordeuropäischen Einwanderern zählten die Bierbrauer selbst, die hart arbeiteten, um sich aus der Asche zu erheben und ihre Brauereien wieder zu errichten. Wicker Park verwandelten sie in ihr ganz eigenes Viertel und bauten sich schmucke viktorianische Residenzen an die Alleen, insbesondere in der Hoyne und der Pierce Avenue, die als die Beer Baron Row (»Meile der Bierbarone«) bekannt wurden.

In der W Pierce Avenue 2137 steht das »Lebkuchenhaus« des Deutschamerikaners und Möbeltycoons Hermann Weinhardt. Das Gebäude gegenüber in der W Pierce Avenue 2138, einst polnisches Konsulat, prunkt mit Holzschnitzereien im aufwendigen Stick-Eastlake-Stil – der ursprüngliche Eigentümer war Schatzmeister einer Holzfällerfirma. Der berühmte Pianist Ignacy Paderewski gab einst auf der Veranda ein Konzert unter freiem Himmel. Seither heißt es Paderewski House. Der italienisierende Traum von einer Villa in der N Hoyne Avenue 1407 soll von seinem Originalbesitzer, dem deutschen Bier- und Weinhändler John H. Rapp, bespukt werden. Er wurde hier von seinem Buchhalter ermordet. 1558 N Hoyne Street ist eines der ältesten Häuser in der Gegend. Es wurde 1877 von C. Hermann Plautz gebaut, dem Gründer der »Chicago Drug and Chemical Company«. Bemerkenswert ist die Zierleiste aus Metall, eine Brandschutzmaßnahme. Die echte Kanone auf dem Rasen stammt aus der Zeit, als das Haus als Veteranentreff diente.

Adresse N Hoyne Avenue & W Pierce Avenue, Chicago, IL 60622 | ÖPNV Subway bis Damen (Blue Line) | Tipp Viele Häuser an der Milwaukee Avenue entlang Wicker Park waren Drehorte für Szenen des Kassenschlagers »High Fidelity«, darunter das ehemalige Lokal Double Door (1572 N Milwaukee Avenue) und der fiktive Plattenladen Championship Vinyl (1500 N Milwaukee Avenue).

64 Die Merz Apothecary

Arzneien von anno dazumal

Peter Merz, ein Pharmazeutiker Schweizer Abstammung, schwamm auf der damals neuen Welle des Arzneieinzelhandels, als er 1875 seine Apotheke am Lincoln Square eröffnete. Merz, der vor allem neue Einwanderer bediente, sprach mehrere Sprachen fließend und mischte gern Heilelixiere der Alten Welt zusammen, weshalb man für den etwas ungewöhnlicheren medizinischen Rat zu ihm ging, ein gepflegtes Schwätzchen gab es obendrein. »Wir haben noch immer ein Rezeptbuch mit handgeschriebenen Formeln, die über 100 Jahre alt sind«, erzählt der heutige Inhaber Anthony Qaiyum. »Es stammt aus einer Zeit, als Ärzte Medikamente verschrieben, die dann erst von Hand zusammengemischt werden mussten.«

Beim Blick durch die Glasfenster sehen Sie alle Kennzeichen einer klassischen Apotheke vergangener Zeiten: Zinndecken mit aufgeprägtem Muster, Eichenvitrinen mit antiken pharmazeutischen Gefäßen und Kräutertöpfen, bequeme Ledersessel. Die eleganten Holzregale sind mit über 13.000 Kräutertees, natürlichen Nahrungsergänzungsmitteln, einer großen Sammlung schwer zu besorgender europäischer Körperpflege- und Badeprodukte, Parfüms mit ätherischen Ölen, traditionellen Rasiergerätschaften und Bartpflegeprodukten bestückt. Eine rundum informierte Bedienung befasst sich mit Ihren Wünschen. Auch das größte Angebot an natürlichen Seifen und Luxusseifen aus aller Welt ist unter diesem Dach versammelt.

Der Laden blieb 85 Jahre lang im Besitz der Familie Merz – bis 1972 der letzte Merz, Ralph, das Geschäft dem Apotheker Abdul Qaiyum übergab, einem 26-jährigen gebürtigen Inder. Sohn Anthony trat in dessen Fußstapfen und zog sich eine weitere Generation von Kunden heran, darunter Einwanderer, die vertraute natürliche Heilmittel suchen, wie sie in einer Standard-Apotheke nicht zu haben sind. Das heutige Team spricht sieben Sprachen und mixt wie anno dazumal alternative Arzneien zusammen, samt Rat in allen Lebenslagen.

Adresse 4716 N Lincoln Avenue, Chicago, IL 60625, Tel. +1 (773) 989-0900, www.merzapothecary.com | ÖPNV Subway bis Western (Brown Line) | Öffnungszeiten Mo – Sa 9 – 18 Uhr | Tipp Das »DANK Haus German American Cultural Center« am Lincoln Square dient als Treffpunkt der Deutschamerikaner Chicagos und bietet eine große Vielfalt an Veranstaltungen. Das beliebte Event »Stammtisch Open Haus« ist ein geselliger Abend für Menschen mit Interesse am deutschen Chicago. Es findet jeden dritten Freitag im Monat statt. An jedem vierten Freitag werden bei »German Cinema Now« aktuelle Filme aus deutschsprachigen Ländern mit englischen Untertiteln gezeigt (4740 N Western Avenue, Tel. +1 (773) 561-9181, www.dankhaus.com).

65_Miss Lee's Good Food

Gourmetküche minus Schnickschnack

Der Name sagt schon alles: Bei Miss Lee gibt es gutes Essen, solide, bodenständig und mit Liebe zubereitet. Wer Omas selbst gekochtes Soulfood vermisst, bekommt die einstigen Köstlichkeiten hier: gebackene Rib Tips, Schweinsohr-Sandwiches, geschmorter Schweinehals, Mac'n'Cheese, frittierter Catfish, Kroketten, Obstaufläufe, gelbe Rüben, Bananenpudding, Zitronenbuttermilch oder Süßkartoffel-Pies. Von der schmucklosen Fassade lasse man sich nicht täuschen: Dies ist eines der besten Soulfood-Restaurants Chicagos, viele sagen gar, das Soulfood sei hier erfunden worden. Während der »Great Migration« brachten Afroamerikaner ihre Küche mit nach Norden; in der South Side schossen Soulfood-Restaurants wie Pilze aus dem Boden und wurden zu beliebten Treffpunkten, wo Essenstraditionen sich in aller Nostalgie über die Zeiten retteten. Miss Lee selbst ist Veteranin einer der ältesten Soulfood-Küchen der Stadt – des mittlerweile leider geschlossenen Restaurants »Gladys Lunchonette«, das seine Pforten in der State Street einst in den 1940ern öffnete.

Die Karte umfasst feine Gourmetküche minus Schnickschnack. Das Essen ist ausschließlich zum Mitnehmen bestimmt. Man plane sein Dinner also am heimischen Tisch oder besser noch: auf dem Sofa. Suchen Sie sich etwas Pikantes aus – Miss Lees Kräuterhähnchen ist eine saftige, kräftig gewürzte Köstlichkeit – oder auch etwas Sahniges, zum Beispiel Mac'n'Cheese. Etwas Gemüsiges wie Kohl, gebutterte Okraschoten oder den indianischen Bohneneintopf Succotash. Etwas zum Soßeauftunken – Cracker oder Maisbrot. Etwas Süßes – Pfirsichcobbler oder Brotpudding.

Mit viel Liebe wird man von freundlichen Damen mit herzigem Oma-Lächeln bedient. Stellen Sie sich unbedingt Miss Lee vor, die meist im Restaurant ist, um sicherzustellen, dass ihre Rezepte unverfälscht zubereitet werden. Die Karte wechselt täglich, sonntags gibt es besondere Beilagen. Man trage seine dehnbarsten Hosen und stelle sich nach dem Essen auf ein längeres Nickerchen ein.

Adresse 203 E Garfield Boulevard, Chicago, IL 60637, Tel. +1 (773) 752-5253 | ÖPNV Subway bis Garfield (Green Line) | Öffnungszeiten Di – So 11 – 20 Uhr | Tipp Ein Schuss Rum schadet dem »Jungle Juice« nicht – Miss Lees Mix aus Orangenlimonade, Zitronenlimonade, Fruchtpunsch und Ananas-Orangensaft.

66 Die Mobster-Pizzeria

Pizza mit Mafia-Geschichte als Beilage

Am 14. Februar 1929 stürmten vormittags um halb elf vier Männer mit Maschinenpistolen eine Garage in der N Clark Street 2122. Sie erschossen sieben Männer der irischen North Side Gang, die zum irischen Gangster George »Bugs« Moran gehörten, einem der ewigen Erzfeinde Al Capones. Auch wenn das »Saint Valentine's Day Massacre«, wie der Vorfall später genannt wurde, niemals offiziell mit Capone in Zusammenhang gebracht wurde, halten ihn die meisten für verantwortlich für das Gemetzel. Während die Garage 1967 abgerissen wurde, kann man in dem dreistöckigen Sandsteinhaus direkt gegenüber, das damals wahrscheinlich als Beobachtungsposten diente, noch immer die Zähne in eine einzigartige Pizza schlagen.

»Chicago Pizza & Oven Grinder Co.« ist am bekanntesten für seine einmalige Deep-Dish-Pizza Chicago Style, die man als umgedrehte Pizza in einer Schüssel beschreiben könnte. »Hausgemacht« von den ersten Zutaten an, wird sie aus sizilianischem Hefeteig hergestellt. Eine würzige Sauce aus Olivenöl, frischem Knoblauch, Zwiebeln, grünem Pfeffer, ganzen Flaschentomaten und einer speziellen Käsemischung wird zur Vollendung geköchelt. Dazu kommen Würstchen aus bester Schweineschulter – »Boston butts« – und ganze frische Champignons. Die Pizza wird am Tisch serviert und fällt eigentlich eher in die Kategorie Pastete: groß, tief und bis zum Anschlag vollgestopft. Sie wird im Tontopf zubereitet, ihr Teig erhebt sich etliche Zentimeter über den Rand.

Gerüchten zufolge diente die frühere Garage als Beobachtungsposten für Capones Schergen. Rund 70 Runden Munition wurden an jenem Schicksalstag verballert. Nach Ansicht vieler markierte dies den Beginn des Niedergangs Capones. Niemand wurde vor Gericht gestellt. Capone wurde vorgeladen, nannte einen Bürgen und wurde wieder freigelassen, nur um in Philadelphia wegen verdeckten Waffentragens erneut festgenommen zu werden. Lediglich neun Monate saß er ab, dann kam er wegen guter Führung frei.

Adresse 2121 N Clark Street, Chicago, IL 60614, Tel. +1 (773) 248-2570, www.chicagopizzaandovengrinder.com | **ÖPNV** Subway bis Sedgwick (Brown und Purple Line) | **Öffnungszeiten** Mo–Do 16–23 Uhr, Fr 16–0 Uhr, Sa 11.30–0 Uhr, So 11.30–23 Uhr | **Tipp** Die unglaubliche Virtual Reality App des Chicago History Museum, »Chicago 00: The St. Valentine's Day Massacre«, bietet ein YouTube-Video und ein Google-Street-View-Erlebnis mit Bildern vom Tatort in hoher Auflösung und einem 360-Grad-Panorama. Online zugänglich unter www.chicago00.org.

67_Das Mordschloss

Raus kommt man nicht mehr

H. H. Holmes war der erste dokumentierte Serienmörder der US-Geschichte. Der wandernde Gauner und Bigamist kam 1883 nach Chicago – mit Mord im Sinn.

Bis 1892 hatte er sich heimlich ein ganzes Murder Castle gebaut, das er als Hotel für Gäste der 1893 stattfindenden Weltausstellung ausgab. Obwohl das Gebäude 1895 von einem mysteriösen Brand verschlungen und 1939 von einem heute noch auf dem Grundstück stehenden Postamt ersetzt wurde, halten viele die Gegend für paranormal aufgeladen und sind derlei Aktivitäten auf der Spur. Auf neun erwiesene Morde kam man während der Ermittlungen, man schätzt jedoch, dass mehr als 200 unglückselige Gäste in Holmes' Hotel eincheckten, aber nie mehr auscheckten. Holmes baute das Haus als voll funktionsfähige Mordmaschine. Obwohl kein Architekt, ersann er einen Plan für ein zweistöckiges Gebäude an der Ecke der 63rd Street und S Wallace Avenue, das es auf Dutzende Räume, versteckte Kammern, Sektionsvorrichtungen, Falltüren, Speiseaufzüge, eine Gaskammer, Geheimtreppen und -gänge sowie ein ausgeklügeltes Alarmsystem brachte. Der Keller beherbergte ein komplettes Krematorium mit Fässern zur Leichenbeseitigung mittels Ätzkalk, die auf die allererbarmungswürdigsten Gäste warteten. Indem Holmes konstant neue Bauarbeiter anheuerte und wieder feuerte, hielt er seine makabre Vision vor der Öffentlichkeit verborgen. Auch das Timing war gut geplant: Holmes' Mordschloss war 1892 betriebsfertig, sodass er ahnungslose Besucher der Weltausstellung auf Herbergssuche anlocken konnte.

Am 7. Mai 1896 wurde Holmes gehängt. Kurz vor seinem Tod äußerte er selbst, sein Gesicht habe »teuflische Züge« angenommen. Gerüchte über gemeuchelte Gäste, die das Hotel heimsuchen, halten sich bis heute. Die Nachbarn schwören, ihre Hunde würden eher die Straßenseite wechseln, als neben dem Gebäude herzulaufen, während andere nachts zu gottloser Stunde markerschütternde Schreie hören.

Adresse 63rd Street and S Wallace Avenue, Chicago, IL 60621 | **ÖPNV** Subway (Green und Red Line) oder Zug (Metra BNSF Railway Line) bis Halsted | **Tipp** Erik Larsons Sachbuch-Bestseller »The Devil in the White City« geht der Geschichte von Holmes und seinen Morden nach.

68 Obamas Friseurstuhl

Präsidiale Kürzungen

Bevor er zum 44. Präsidenten der Vereinigten Staaten gewählt wurde, war Barack Obama ein ganz gewöhnlicher Einwohner Chicagos, der mit seiner schönen Frau und zwei Töchtern in einer Villa im georgianischen Stil in der S Greenwood Avenue 5046 lebte. Seine Rühreier, Hash Browns und Würstchen aß er in der Valois Cafeteria (1518 E 53rd Street), er stöberte im Buchladen 57th Street Books (1301 E 57th Street) durch verstaubte Regale und ließ sich das Haar im bescheidenen Hyde Park Hair Salon schneiden.

Seit 1927 bietet der Salon Qualitätsrasuren und -haarschnitte für den Herrn. Spike Lee, Phil Gates, Devon Hester, Bill Veeck, Suge Knight und der ehemalige Bürgermeister Harold Washington waren alle Stammkunden; auch Obama kam 17 Jahre lang hierher. Während er als Präsident dem Land diente, ließ er sich noch immer von Ladeninhaber Ishmael Coye das Haar schneiden und über den neuesten Klatsch auf dem Laufenden halten.

Heute können Besucher genau neben dem Stuhl Platz nehmen, auf dem Obama sich frisieren ließ. Freundliche Bedienung und weiser Rat verstehen sich in diesem Old-School-Barbershop von selbst, der zugleich eine Art Tempel für die Chicago Bears, für Boxlegende Muhammad Ali, der ebenfalls in der Gegend lebte, und natürlich für den Lieblingssohn der Stadt, Barack Obama, ist.

Der Salon bietet auch Maniküre, Pediküre, Gesichtsmasken, Massagetherapie und Schuhpflege an. Selbst Kahlköpfige können sich auf einen Eins-a-Service und einen perfekt polierten und gepflegten Schädel verlassen. Der Obama-Schnitt für 21 Dollar verspricht, dass Sie den Salon so proper zu verlassen wie der Ex-Präsident. Sie können spontan vorbeikommen, besser ist jedoch ein Termin. Auf dem heiligen Stuhl sitzen kann man allerdings nicht. Das Obama-Möbel wurde im Februar 2009 von R. S. Owens & Company, einem Chicagoer Hersteller von Trophäen (darunter die Oscars), mit einer Plexiglasverkleidung ummantelt, um das Stück präsidialer Geschichte zu schützen.

Adresse Dorchester Commons Shopping Center, 5234 S Blackstone Avenue, Chicago, IL 60615, Tel. +1 (773) 493-6028, www.hydeparkhairsalon.com | ÖPNV Zug bis 55th-56th-57th St. (Metra Electric und South Shore Line) | Öffnungszeiten täglich 9–20 Uhr | Tipp Ein simpler Stein mit Metallschild an der Ecke 53rd Street und S Dorchester Avenue in Hyde Park markiert die Stelle, an der Obama seine Frau Michelle zum ersten Mal küsste. Hier gab es einst einen Eissalon der Kette Baskin-Robbins, in dem das junge Paar bei seinem allerersten Date im Sommer 1989 einen Augenblick genoss, der noch süßer war als Eis.

69 Das Ohio House Motel

Wagen vor der Zimmertür

Es erinnert an Virginia Lee Burtons preisgekröntes Kinderbuch »The Little House«, eine ergreifende Geschichte von einem niedlichen Landhäuschen, das von der sich darum herum ausdehnenden Stadt verschlungen wird. Wie das »kleine Haus« steht dieses Retro-Motel genau in der Mitte von Downtown Chicago, umgeben von hohen Wolkenkratzern.

Das 50-Zimmer-Motel existiert seit 1960 an der Ecke der LaSalle Street und Ohio Street. Als die Jahre vergingen, verfiel und verelendete die Gegend zunächst, um sich danach wieder protzig zu geben. Ältere Gebäude wurden abgerissen, um neuen Hochhäusern Platz zu machen. In den späten 1990ern hatte der Besitzer des Motels vor, das Ding abzureißen und es durch ein Gebäude einer größeren Hotelkette zu ersetzen. Zum Glück wurde aus den Plänen nichts; das Ohio House Motel blieb ein winziges, unabhängiges Motel im Stil des mittleren 20. Jahrhunderts inmitten einer Stadt des geschäftigen 21. Jahrhunderts.

Das zweistöckige Motel schmückt sich mit einem funky Diamantenmotiv sowohl auf der Beschilderung als auch außen an den Fassaden, während ein weißer Lattenzaun es umgibt. Dies ist einer der wenigen Orte in Chicago, wo man den Wagen wie vor Jahrzehnten direkt vor seinem Zimmer parken kann. Ein Eckhaus mit Rauputz beherbergt noch immer die Büros und einen klassischen Diner. Das hohe, dreigliedrige, diamantenförmige Schild aus rostfreiem Stahl, gehalten von einem Metallpfosten, macht bei jenen Autofahrern Reklame, die die Ohio Street hinunter ins Herz der Stadt kurven.

Das Motel bietet auch Zimmerpreise im Retrostil – also um einiges günstiger als viele Hotels in der Nähe –, die einen Parkplatz am Zimmer einschließen. »Unsere Gäste fühlen sich an vergangene Zeiten erinnert, als die Welt noch ein sichererer Ort war«, erklärt der Manager Larry James. »Unser exzellenter Service und Komfort spiegelt die viel besseren Dienstleistungen der 50er und 60er Jahre wider.«

Adresse 600 N La Salle Drive, Chicago, IL 60654, Tel. +1 (312) 943-6000, www.ohiohousemotel.com | **ÖPNV** Subway bis Grand (Red Line) | **Tipp** Besuchen Sie auch den ehemaligen Coffee Shop des Motels, heute eine Filiale des Leghorn Cafe, wo Grillhähnchen-Gerichte von ausgesuchtem Federvieh und ein Frühstück im Diner-Stil mit moderner Note den Mund wässrig machen.

70 Die Old Saint Patrick's Church

Eckpfeiler irischer Kultur

Die von irischen Einwanderern am Ostersonntag 1846 in einem Holzgebäude an der Ecke Randolph Street und Desplaines Street gegründete Old Saint Patrick's Church gilt als Eckpfeiler irisch-amerikanischer Kultur in Chicago. Der heutige Bau im romanischen Stil mit seinen prächtigen neukeltischen Ornamenten, dem gelben, oktagonalen Kirchturm und gelben Backstein aus Milwaukee, der einem Sockel aus Lemont-Kalkstein aufgesetzt ist, wurde zu Weihnachten 1856 eingeweiht.

Damit ist dies eines der wenigen Gebäude Chicagos, die den Großen Brand überstanden – und ganz nebenbei die älteste Kirche der Stadt. Feiern Sie hier die heilige Messe mit sieben Generationen von Gemeindemitgliedern, nehmen Sie teil an den sozialen Programmen mit vielen Freiwilligen oder an der Sommerfeier, bei der Sie gute Chancen haben, ihren Zukünftigen oder ihre Zukünftige zu finden.

Saint Patrick's verbindet seit 175 Jahren Glauben, Gemeinschaft und die irische Kultur in Chicago, der Stadt, die die viertgrößte Population von Irish-Americans des Landes aufweist.

Nach ihrer Ankunft in Chicago war für irische Einwanderer stets Saint Pat's der erste Anlaufpunkt, wo sie mit Essen, einem Dach über dem Kopf und der Unterstützung anderer Gemeindemitglieder versorgt wurden, die bereits auf dem Weg zur Verwirklichung ihres amerikanischen Traums waren.

Das Interieur, das viele an ein Osterei erinnert, wurde vom keltischen Beitrag zur Weltausstellung von 1893 inspiriert. Der lokale Künstler Thomas O'Shaughnessy schuf die fünf großen Buntglasfenster im Jugendstil. Jedes einzelne bezieht sich auf das »Book of Kells« und bildet eine Szene aus dem Leben berühmter Heiliger Irlands ab. Eine imposante Statue Saint Patricks neben dem Altar heißt seine irische Familie in Chicago willkommen.

Adresse 700 W Adams Street, Chicago, IL 60661, Tel. +1 (312) 648-1021 | **ÖPNV** Subway bis Clinton (Blue Line) | **Öffnungszeiten** Di–So 6.30–13 Uhr, So 6.30–12.15 und 16–21 Uhr, Sa für die Öffentlichkeit geschlossen | **Tipp** Montag bis Freitag von 8 bis 11 Uhr finden kundige Führungen durch die Kirche statt.

71_Die Oper backstage

Hinter den Kulissen

Hier ist man darauf spezialisiert, Kostüme, Bühnenbild, Beleuchtung, Soundeffekte und vor allem Bewegung, Musik und Stimmen so zu bündeln, dass das Publikum in ganz neue Erlebnissphären getragen wird. Während das Singspiel sich auf der Bühne entfaltet, fühlen sich die Zuhörer urplötzlich ins lebhafte Quartier Latin von Paris versetzt, an einen von Soldaten strotzenden Platz in Sevilla oder ins Kalabrien des 19. Jahrhunderts inmitten einer Truppe Clowns.

Das im historischen Civic Opera House angesiedelte »Lyric's Ardis Krainik Theatre« verfügt über das zweitgrößte Opern-Auditorium Nordamerikas und ist ein Juwel des Jugendstils. Hier traten Rudolf Nureyew, Maria Callas, Luciano Pavarotti und Plácido Domingo auf. Die wahre Magie passiert jedoch hinter den Kulissen.

Einmal im Monat enthüllt die Oper ihre Backstage-Geheimnisse; auch Privatführungen sind auf Wunsch möglich. Die zweistündigen Rundgänge mit zehn Stationen werden von Profis des Hauses und angelernten Freiwilligen durchgeführt. Experten geben in den verschiedenen Bühnenbereichen, die sonst strikt unzugänglich sind, Insidertipps mit auf den Weg. So gelangt man ins Herz dieses Opernhauses, man beginnt im Orchestergraben und endet unterhalb der Bühne, wo man die Mechanik in Aktion sieht, die Falltüren und Hebevorrichtungen steuert. In der Kostümabteilung werden Kleiderskizzen mit luxuriösen alten Stoffen zum Leben erweckt. Über 15.000 Kostüme, manche über 100 Jahre alt, warten geduldig darauf, in der neuen Saison getragen zu werden. In der Perückenabteilung stellen sieben Vollzeitbeschäftigte mit Häkelnadeln aus Yakhaar prächtigen Kopfputz her. Im Make-up-Raum kann man sich vor dem sternenbesetzten Spiegel die Verkleidung seiner Wahl aus den zahlreichen Masken aussuchen. Seine Höhenangst kann man auf dem Steg im fünften Stock strapazieren.

Das Haus verlässt man mit einer völlig neuen Wertschätzung für all die technischen Zaubereien, die diesen Ort lebendig machen.

Adresse 20 N Upper Wacker Drive, Chicago, IL 60606, Tel. +1 (312) 827-5600, www.lyricopera.org | ÖPNV Subway bis Washington/Wells (Brown, Orange, Pink und Purple Line) | Tipp Im eleganten »Sarah and Peer Pedersen Room« des Civic Opera House speisen Kenner vor der Aufführung. Er liegt im Hauptgeschoss und bietet Lunch und Dinner zu bezahlbaren festen Preisen. Man kann auch Desserts und Cocktails vorbestellen. Sie warten dann in der Pause oder nach der Vorführung auf Sie.

72 Optimo Hats

Keine alten Hüte

Einst war Chicago eine Stadt von Hutträgern; alle zehn Jahre eroberten neue Stile von Herrenkopfbedeckungen die Straßen. Für den modernen Mann waren schicke Hüte ein absolutes Muss – unabhängig von Beruf, Sozialstatus oder Statur. Dann kam John F. Kennedy, der als Präsident kaum je einen Hut trug und damit einen Trend lostrat, der bis zu den Barhäuptigen unserer Tage reicht. Optimo Hats hat sich dem Ziel verschrieben, dem modebewussten Herrn von Chicago die eleganten Kopf-Statements wieder näherzubringen.

Die Wände des Geschäfts sind gesäumt von den schönsten Herrenhüten, denen Sie jemals begegnen werden. Die Strohhüte sind aus handgeflochtenem Stroh höchster Qualität, das aus Ecuador importiert wird, während die Fedoras im Unterschied zu solchen aus preiswerter Wolle aus Wildtierfell gefertigt werden. Die Krempen und Bänder sind mit feinstem Seidengarn handgestickt. Ein Retro-Gerät zur Messung des Kopfumfangs und ein Modellierungsstand, auf dem man die Krempe je nach Geschmack des Kunden formt, garantieren die optimale Passform. Die Hüte werden in drei konventionellen Größen und vier ovalen Kopfformen angeboten.

Das Verkaufsteam wird Ihnen den Weg zu jenem unverschämt gut sitzenden Hut schon weisen, den Sie suchen. Er sollte den Kopf sanft umfassen und sich doch leicht tiefer ins Gesicht ziehen lassen, wenn die »Windy City« ihrem Ruf wieder einmal gerecht wird. Die Preise variieren entsprechend dem zeitaufwendigen Herstellungsprozess aus hochwertigsten Materialien. Die Preise für die teuersten Modelle gehen bis in die Tausende. Hüte von Optimo sind auch in den Filmen »J. Edgar«, »Public Enemies« und »Road to Perdition« zu sehen.

Kunden können zwischen feinen Vintage- und modernen Hutbändern aus aller Welt wählen. Sobald das Band traditionell gefaltet und mittels traditioneller Putzmacherstiche angenäht ist, weiß man, dass man mit einem vornehmen Meisterstück in Museumsqualität von dannen zieht.

Adresse 51 W Jackson Boulevard, Chicago, IL 60604, Tel. +1 (312) 922-2999, www.optimo.com | **ÖPNV** Subway bis Jackson (Blue Line) oder Harold Washington Library-State/Van Buren (Brown, Orange, Pink und Purple Line) | **Öffnungszeiten** Mo–Sa 10–17 Uhr | **Tipp** Schauen Sie, ob Sie die fast zehn Meter hohe Statue der Göttin Ceres erspähen können, die auf dem Dach des nahe gelegenen Chicago Board of Trade (der Handelskammer) Wache hält. Obwohl das Gebäude für die Öffentlichkeit in der Regel nicht zugänglich ist, bietet die Handelskammer Führungen nach Absprache an (141 W Jackson Boulevard, Tel +1 (312) 435-3590, www.cbot.com).

73 Das Orient-Institut

Den inneren Indiana Jones rauslassen

Wo sonst könnte man einen 40 Tonnen schweren, geflügelten Bullen mit Menschenkopf tätscheln, König Tutanchamun direkt in die Augen schauen oder sich an der Entzifferung der vielen Zaubersprüche im Papyrus des ägyptischen Totenbuchs aus der ptolemäischen Epoche versuchen?

Das »Oriental Institute« der University of Chicago buddelt seit 1919 vergrabene Schätze ferner Länder aus und bietet einen einzigartigen Einblick in Zivilisationen des Altertums, die im Sandgetriebe der Zeitläufte verloren gingen.

Viele halten Professor James Henry Breasted, dank Spenden von John D. Rockefeller junior Gründer des Instituts, für die inspirierende Gestalt hinter Indiana Jones. Doch war Breasted kein draufgängerischer Schatzjäger, sondern eher ein leidenschaftlicher Feldforscher mit einem Talent für das Übersetzen alter Schriften, besonders solcher aus Quellen und Bauten, von denen er fürchtete, dass sie für immer verloren sein könnten. Sogar Howard Carter assistierte er dabei, die Siegel des Grabmals von Tutanchamun zu entziffern.

Die in einem Art-déco-Gebäude an der Ecke der 58th Street und University Avenue untergebrachte Sammlung umfasst Must-see-Kuriositäten, darunter eine Ohrklemme von der Größe eines iPhones, die man für eine direkte Horchverbindung zu den Göttern hält, ein Sarg mit einer Echsen-Mumie sowie die Mumie der Meresamun, einer »Sängerin im Inneren des Tempels von Amun« bei Karnak. Highlight der Sammlung ist der gewaltige lamassu, eine Skulptur, die einen gefiederten Bullen-Vogel-Geist mit Menschenantlitz darstellt, der einst den Eingang zum Thronsaal von König Sargon II. bewachte. Von der Seite betrachtet, scheint er zu laufen, von vorn gesehen, scheint er stillzustehen. Es gibt Audioguides auf Englisch und Spanisch und eine beliebte Schatzsuche. Auf dem Weg nach draußen gibt es auf dem Suq (Arabisch für »Markt«) Schmuckstücke, Kunsthandwerk und Geschenkartikel aus dem Nahen Osten.

Adresse The University of Chicago, 1155 E 58th Street, Chicago, IL 60637, Tel. +1 (773) 702-9520, www.oi.uchicago.edu | **ÖPNV** Zug bis 59th Street/University of Chicago (Metra Electric Line) | **Öffnungszeiten** Di–So 10–17 Uhr (Mi bis 20 Uhr) | **Tipp** Auch wenn hier nun die Studentenverbindung Phi Gamma Delta untergebracht ist, sind außen am Anwesen von James Henry Breasted im Hyde Park, das der Villa Ariosto im italienischen Ferrara ähnelt, zu beiden Seiten der Eingangstür Darstellungen von zwei Schlangen im altägyptischen Stil angebracht (5615 S University Avenue).

74 Der Osaka Garden

Phönix aus der Asche

Die »White City« Chicagos erblühte eigens für die Weltausstellung 1893 und versetzte die Besucher mit ihren großen klassizistischen Bauten, die von Kanälen und Ziergärten des renommierten Landschaftsarchitekten Frederick Law Olmsted umgeben waren, in großes Erstaunen. Die opulenten Bauwerke waren jedoch nicht für die Ewigkeit bestimmt: Die schicken Fassaden bestanden nicht aus Marmor, sondern aus einem billigen Mix aus Gips, Zement und Jute; man hatte sie geölt und mit Bleifarbe angestrichen. Von den über 200 Gebäuden, die für die Ausstellung errichtet wurden, stehen noch ganze zwei. Nachdem der Rummel vorbei war, wurde Jackson Park, das Zentrum der Expo, in ein System aus idyllischen, miteinander verbundenen Lagunen verwandelt, die das sechs Hektar große Wooded Island umgeben.

Nach Wooded Island kamen die Expo-Besucher, um frische Luft zu schnappen. Am nördlichen Ende stand der »Ho-o-Den«, auch »Phoenix Pavillon« genannt, in dem japanische Kunst ausgestellt war. Am Südende erstreckte sich ein Spaziergarten – oder »kyuushiki« – mit Doppelteich, einem herabstürzenden Wasserfall und Steinwegen zwischen den Kirschbäumen. Heute, nach der langjährigen Partnerschaft mit Osaka als Osaka Garden bekannt, bietet der Garten mit seiner Blütenpracht noch immer Schatten und Erholung. In den 1930ern kamen noch mehr japanische Elemente hinzu, darunter die malerische »Moon Bridge« und steinerne Laternen. Auf der anderen Seite der Lagune steht das letzte überdauernde Gebäude der Weltausstellung, der »Palast der feinen Künste«, heute das »Museum of Science and Industry«.

2014 schloss der Garten vorübergehend, damit das Ingenieurskorps der U.S. Army die erodierten Ufer wiederherstellen, Felsen gerade rücken und invasiven Wildwuchs durch 400.000 einheimische Pflanzen ersetzen konnte. 2016 enthüllte Yoko Ono das Kunstwerk »Sky Landing« – ihr erstes Kunstobjekt im öffentlichen Raum in Amerika – als Geste des Friedens, der Harmonie und Heilung.

Adresse 6401 S South Stony Island Avenue, Chicago, IL 60637, www.hydepark.org | **ÖPNV** Zug bis 63rd Street (Metra Electric Line) | **Öffnungszeiten** Mo–So 9–17 Uhr | **Tipp** Die Skulptur »Golden Lady«, eine Nachbildung der »Statue of the Republic« von Daniel Chester French, geschaffen für die Weltausstellung von 1893 im Maßstab 1:3, steht dort, wo sich während der Ausstellung die Elektrizitäts- und Verwaltungsgebäude befanden (beide nach der Expo abgerissen), heute die Kreuzung, an der der Richards Drive in den Hayes Drive mündet (www.hydepark.org).

75 Outspoken im Sidetrack

Jeder hat eine Geschichte

In Boystown sprühen hochaktive und betont sichtbare LGBTQ-Communitys vor Leben. Als erste offizielle Gay-Zone der USA, die im Osten an Lake Michigan, im Westen an die Clark Street, im Norden an die Irving Park Road und im Süden an die Diversey Avenue grenzt, ist das East Lakeview Heimat von über 30 verschiedenen Schwulen- und Lesbenbars, Nachtclubs und Restaurants. Wer das schlagende Herz der Community sucht, findet es bei Sidetrack, einem riesigen Hotspot in Boystown, wo monatlich Live-Erzähler aus der LGBTQ-Gemeinde ihre persönlichen Geschichten zu Gehör bringen.

Die Lebensbeichten, denen man bei »Outspoken« lauschen kann, rangieren vom Zwerchfellerschütternden bis zu Tränenreichem. Rechnen Sie mit sechs verschiedenen Geschichtenerzählern aller Couleur, die nicht immer Gay-Biografisches zum Besten geben, aber immer nachdenklich stimmende, lebhafte und intime Offenbarungen. Das monatliche Event soll eine Verbindung zwischen den Erzählenden und dem Publikum herstellen; so entsteht die wunderbare Gelegenheit, in freundlicher Atmosphäre mit der Boystown-Community zu interagieren.

Kim Hunt von »Affinity Community Services«, einer sozialen Organisation, die sich Gesundheit, Wohlbefinden, Führungsaufbau und Community-Building unter Chicagos LGBTQ-Jugend auf die Fahnen geschrieben hat, und Art Johnston, Gründer von »Equality Illinois«, moderieren die Abende. Jede Show verspricht, einzigartig zu werden; die Liste der »storyteller« wechselt monatlich. Ein Rezensent bezeichnete Outspoken als »einen der besten Abende, den Sie inmitten von Menschen verbringen werden«.

Sidetrack im Herzen von Boystown überspannt mehr als acht Ladenfassaden und verschiedene Ebenen, einschließlich eines Open-Air-Hofes und eines üppigen Dachgartens. Zusätzlich veranstaltet die Bar eine Vielzahl anderer Events über das ganze Jahr. Der Eintritt ist frei, man muss jedoch über 21 und im Besitz eines gültigen Ausweises sein.

Adresse Sidetrack, 3349 N Halsted Street, Chicago, IL 60657, Tel. +1 (773) 477-9189, www.sidetrackchicago.com | **ÖPNV** Subway bis Belmont (Red, Brown und Purple Line) | **Öffnungszeiten** erster Di im Monat, Eintritt ab 18 Uhr, Beginn 19 Uhr | **Tipp** Die jährliche »Gay and Lesbian Pride Parade« startet am letzten Samstag im Juni mit marschierenden Bands, Tanztruppen, Stöckchenwirblern, Stars und Politikern, die Halstead und Broadway, die Hauptstraßen von Boystown, hinunterparadieren. Infos und Updates auf www.chicagopride.gopride.com.

76 Der Oz Park

Feige Löwen und geflügelte Affen

In den 1890ern dachte sich ein gewisser L. Frank Baum, Reporter der »Chicago Evening Post«, eine phantastische Geschichte über einen Wirbelsturm aus, der ein kleines Bauernmädchen und seinen jungen Hund in die Luft und in ein Land hineinweht, das von munteren Zwergen, geflügelten Affen, einer bösen Hexe und einem Scharlatan als Herrscher bevölkert wird. Obwohl »Oz« von seinem Aktenschrank »O-Z« herrührte, glauben viele Literaturwissenschaftler, das Land in diesem amerikanischen Märchen sei von der »White City« Chicagos inspiriert, in der 1893 die Weltausstellung stattfand.

Baums Figuren, die es 1939 von der Buchseite auf die Leinwand schafften, leben im Oz Park fort. Man folge an der Ecke Webster Avenue und Larabee Street dem gelben Ziegelsteinweg bis zum »Emerald Garden«, wo die Vogelscheuche Scarecrow grüßt. An der Südostecke protzt der bronzene »Cowardly Lion«, der Feige Löwe, mit seiner Tapferkeitsmedaille. Dorothy und Toto passen auf die Kinder auf, während sie zu den Schaukeln und Rutschen streben. Der Blechmann Tin Man bewacht die Nordostecke und zeigt stolz sein tickendes Herz vor.

Gestaltet wurden die Skulpturen von John Kearney, einem Künstler, der für seine metaphorischen Gestalten aus gefundenem Metall bekannt ist. Er schweißte alte Stoßstangen aus Chrom zusammen, um Tin Man zum Leben zu erwecken.

Eine der Wohltäterinnen des Parks teilt sich den Vornamen mit dem Mädchen aus Kansas, das sich im »Land of Oz« wiederfand: Dorothy Melamerson, eine Sportlehrerin, die ein spartanisches Leben führte, sodass sie ihren geliebten, fünf Hektar großen Park den Kindern Chicagos hinterlassen konnte. Melamerson spendete auch genug Geld, um die Baseballfelder und Basketball-, Tennis- und Volleyballplätze sowie eine umfangreiche Sportinitiative für die Jugend einzurichten. Ihr Erbe spiegelt sich in den lächelnden Gesichtern der vielen Kinder und Jugendlichen, die den Park für sich erobert haben.

Adresse 2021 N Burling Street, Chicago, IL 60614, www.chicagoparkdistrict.com/parks/Oz-Park | ÖPNV Subway bis Armitage (Brown und Purple Line) | Öffnungszeiten täglich 6–23 Uhr | Tipp Der Oz Park ist einer der vielen Parks Chicagos, in denen während der »Movies in the Park Summer Series« gratis Open-Air-Filme vorgeführt werden. Bringen Sie sich eine Decke mit und machen Sie es sich im Mondlicht auf dem Gras bequem, um ein einzigartiges Kinoerlebnis mitzunehmen. Das vollständige Sommerprogramm finden Sie auf www.chicagoparkdistrict.com/events/movies.

77 Der Palmenhof des Drake

Wo die Zeit stillsteht

Seit fast 100 Jahren verbringen gewitzte Damen den ganzen Nachmittag damit, teeschlürfend neben einem Brunnen im vergoldeten »Palm Court« des Drake Hotel zu sitzen. Niemand weiß genau, warum an diesem schicken Ort die Zeit stillsteht, während man seinen eleganten Nachmittagstee genießt. Vielleicht ist es das zauberhafte Ambiente zwischen verschiedenen Topfpalmen zusammen mit dem Gläschen Sekt, das vor dem Tee gereicht wird. Womöglich liegt es auch am schmeichelnden Licht, das durch die Buntglasdecke dringt, oder an den einlullenden Melodien, die der Live-Harfner zupft. Queen Elizabeth, Princess Diana und die Kaiserin von Japan haben alle schon in diesem Palmenhof gesessen.

Der tägliche Afternoon Tea wird zwischen 13 und 17 Uhr im Palm Court serviert, direkt neben der Hauptlobby des Hotels. 17 Teesorten stehen zur Auswahl, darunter die Hausmischung. Alle kommen sie in Kannen aus Sterlingsilber. Platten mit Fingerfood, festlichen Petits Fours, englischem Teegebäck und Zitronen-Mohnkuchen im Miniformat werden ergänzt von Zitronenaufstrich oder englischer Devon Cream. Im Zentrum des Hofes steht ein prächtiger Marmorbrunnen, der von Blumenschmuck nur so überquillt. Gehen Sie nicht, ohne sich etwas zu wünschen; der Brunnen ist voller Münzen, die nach einem Jahr des Ansammelns für wohltätige Zwecke gestiftet werden.

Seit es zu Silvester 1920 am Anfang der »Magnificent Mile« eröffnet wurde, heißt das Drake Hotel seine Besucher willkommen. Das nach dem Vorbild italienischer Paläste der Hochrenaissance entworfene Hotel mit seinen 537 Zimmern und 74 Suiten war Gastgeber für bedeutende kulturelle und politische Persönlichkeiten aus aller Welt. Auch mehrere Filme entstanden unter seinem Dach, darunter »Das andere Ufer der Zeit« (1980), »The Blues Brothers« (1980), »Zwei wie Katz und Maus« (1981), »Lockere Geschäfte« (1983) und »Die Hochzeit meines besten Freundes« (1997).

Adresse 140 E Walton Place, Chicago, IL 60611, Tel. +1 (312) 787-2200, www.thedrakehotel.com/dining/palm-court | **ÖPNV** Subway bis Chicago (Red Line) | **Öffnungszeiten** täglich 13–17 Uhr | **Tipp** Nach dem Tee geht es an die Bar des Coq d'Or im Drake, um sich eine »Bookbinder Soup« (eine Spezialität des Hauses) und Martinis zu gönnen.

78 Das Palmer Mausoleum

Paranormal aktiv

Potter Palmer und seine schöne Frau Bertha gehörten im Chicago des Goldenen Zeitalters zur Hautevolee. Am bekanntesten ist Potter für die Aufmöbelung der State Street, speziell des Palmer House Hotels – ein Hochzeitsgeschenk, das buchstäblich in Flammen aufging. Er baute das elegante Hotel zu Ehren seiner frisch angetrauten Gattin Bertha. Nur unglückliche 13 Tage nach ihrer Eröffnung am 26. September 1871 brannte die Herberge während des Großen Brands bis auf die Grundfesten nieder. Nicht einmal die Flammen jedoch konnten Palmer in seinen Visionen beirren. Er sicherte sich ein Darlehen von 1,7 Millionen Dollar und baute Hotel wie Vermögen wieder auf. Bertha, die Potter mit Diamanten und Perlen überhäufte, avancierte zur Queen der High Society Chicagos, zur Mäzenin der Impressionisten und zur Erfinderin des Brownies.

Zu Lebzeiten residierten die Palmers in einem gotischen Schloss vom Gold-Coast-Typ, heute ruhen sie in zwei Granitsarkophagen auf dem gespenstischen Graceland Cemetery. Drei Generationen ihrer Nachkommen liegen mit ihnen in diesem grandiosesten Grabmal des Friedhofs. Entworfen wurde es von »McKim, Mead & White« im Stil eines griechischen Tempels. Als Mrs. Palmer 1918 in Florida starb, wurde sie in einem mit Orchideen bedeckten Sarg hergebracht. Die umgedrehten Fackeln an den Seiten der Sarkophage symbolisieren den Tod.

Der viktorianische Graceland Cemetery gilt als eine der paranormal aktivsten Gegenden Chicagos. Achtung also vor ruhelosen Geistern! Viele illustre Bürger des frühen Chicago sind hier zur Ruhe gebettet. Architekt Louis Sullivan, ebenfalls hier begraben, entwarf das schmucke Grabmal für den Holzbaron Henry Harrison Getty.

Eine Granitpyramide im ägyptischen Stil dient der Familie des Bierbrauers Peter Schoenhofen als Mausoleum, während Fabrikant George Pullman in einem Stahl- und Betongewölbe ruht, das wütende gewerkschaftliche Grabschänder abschrecken sollte.

Adresse 4001 N Clark Street, Chicago, IL 60613, Tel. +1 (773) 525-1105, www.gracelandcemetery.org | ÖPNV Subway bis Sheridan (Red Line) | Öffnungszeiten Mo–Fr 8–18 Uhr, Sa 10–15 Uhr; Herbst- und Winteröffnungszeiten auf der Website | Tipp Eine unheimliche Statue des berühmten amerikanischen Bildhauers Lorado Taft markiert das Grab von Dexter Graves (1789–1844), einem der frühen Siedler von Chicago. Der mysteriöse Mann mit Bronzekapuze wurde offiziell »Eternal Silence« getauft, wird von der Bevölkerung aber meist »Statue of Death« genannt und gilt als Darstellung von Gevatter Tod. Der Legende nach bekommt man einen Vorgeschmack auf das eigene Ableben, schaut man der Skulptur in die schwarzen Augenhöhlen.

79 Der Palmisano Park

Vom Korallenriff zur Stadtoase

Dieser Park hat's drauf, mit der Zeit zu gehen. Über Jahrhunderte wandelte er sich von einem Korallenriff zu einem Steinbruch, dann zu einer Altdeponie und schließlich zu der schönen elf Hektar großen Grünoase, die er heute darstellt. Im Herzen Bridgeports gelegen, bildet der Ruhepol mit seinen Anglerteichen, Sümpfen, Steinbruchwänden und weitläufigen Wegen zugleich eine der dynamischsten Parkanlagen Chicagos.

Es war einmal – genauer: vor 400 Millionen Jahren –, da bestand dieses friedvolle Refugium aus einem massiven Korallenriff in den warmen, seichten Gewässern, die jenes Land bedeckten, auf dem heute Chicago steht. Während sich das Zeitalter des Silur verabschiedete, formten sich Dolomitsandstein und Fossilien wie kuriose Souvenirs aus dem Erdaltertum. Später, in den 1830ern, als frühe Unternehmer den Ort als Steinbruch nutzten, wurde selbiger Sandstein abgetragen und für den Bau der Eisenbahnböschungen, Brücken, Tunnel, Seedeiche, Häuser, Fundamente und Fassaden der ganzen Stadt genutzt. Der Steinbruch war bis 1970 im Dienst. Das Grabungsloch hatte 115 Meter Tiefe unter Straßenniveau erreicht, als man ihn in eine Deponie für sauberen Baumüll umdeutete.

1999 entschied die Stadt, hier einen Park anzulegen, der 2009 eröffnet wurde. Er wird als eine der besten Gelegenheiten gepriesen, Zeit an der frischen Luft zu verbringen – unabhängig von der Jahreszeit. Spazieren Sie die knapp drei Kilometer langen Parkwege entlang, wo Ihnen auf Schritt und Tritt die Vergangenheit der Anlage begegnet, etwa am Anglerteich (»Fangen und Freilassen«) zwölf Meter unter Straßenniveau zwischen den Originalwänden des Steinbruchs. Dort hat man auch Holz gefunden und es dazu verwandt, die Spazierwege zu gestalten, während alte Felsen aus Bruch-Tagen die Landschaft tüpfeln. Erklimmen Sie den zehn Meter aufragenden Hügel; von dort hat man einen phantastischen Blick auf jene Stadt, die auf den Überbleibseln eines fossilen Riffs erbaut wurde.

Adresse 2700 S Halsted Street, Chicago, IL 60608, Tel. +1 (312) 747-6497, www.chicagoparkdistrict.com/parks/Palmisano-Park | **ÖPNV** Subway bis Halsted (Orange Line) | **Öffnungszeiten** täglich 6–11 Uhr | **Tipp** Auf der Website des Chicago Park District gibt es Hör-Führungen durch den Palmisano Park. Die Tour umfasst eine Karte mit Haltepunkten, die den Audiotracks entsprechen. Wer jede Station besucht, braucht etwa 40 Minuten (www.chicagoparkdistrict.com/about-us/audio-tours/palmisano-park).

80 Das Parrot Cage Restaurant

Die Meisterschüler

In einem großen Clubhaus im mediterranen Stil, das zwischen der idyllischen Strandpromenade und dem satten Grün einer Golfanlage liegt, nippen zur Lunchzeit aufgedonnerte Ladys am Champagner, während sie den Panoramablick auf Lake Michigan genießen. Es ist eine Szene wie aus »Der große Gatsby«, und sie trägt sich jedes Wochenende im Parrot Cage zu – einem kleinen, sehr feinen Restaurant, das im grandiosen »South Shore Cultural Center« ansässig ist. Die Bedienung übertrifft sich stets selbst und ist immer bemüht, auch den kritischsten Gästen zu gefallen, denn das gesamte Team von den Kellnern bis zu den Köchen besteht aus Studenten des »Washburne Culinary Institute«, einer der ältesten Kulinarik-Akademien der Nation. Einst war dies ein Country Club nur für Protestanten, dem es an jener Vielfalt mangelte, die das lukullische Kleinod mit künstlerischer Note heute ausmacht. 1975 verkaufte man das Grundstück samt Golf- und Tennisplätzen, einer Bowlingbahn, Stallungen, Theatern und einem Privatstrand an den »Chicago Park District«.

Heute beherbergt das Kulturzentrum die »School of the Arts«, die Community Dance, Musik- und Kunstkurse anbietet. Golfplatz, Strand und Gärten stehen der Öffentlichkeit noch immer zur Verfügung, während die Pferdeställe derzeit von der berittenen Polizei genutzt werden.

Das Restaurant, in dem moderne amerikanische Küche zu extrem erschwinglichen Preisen serviert wird, gibt Studenten im Gastro-Fach die Möglichkeit, ihre Künste zu verfeinern. Dank des unübertrefflichen Optimismus, der Kreativität und der hervorragenden Ausbildung hat sich der Studi-Schuppen in drei aufeinanderfolgenden Jahren selbst beim prestigeträchtigen Beurteilungssystem Zagat ein »exzellent oder mehr« verdient. Der Sonntagsbrunch gewann wiederholt den »OpenTable Diners' Top Choice Award«.

Adresse 7059 S South Shore Drive, Chicago, IL 60649, Tel. +1 (773) 602-5333, www.washburneculinary.com/facilities/the-parrot-cage | **ÖPNV** Zug bis South Shore (Metra Electric Line) | **Öffnungszeiten** Do–Sa 17–21 Uhr, So 11–15 Uhr | **Tipp** Der Rainbow Beach, nur einen kurzen Spaziergang auf der Uferpromenade entfernt, ist einer der größten und schönsten Strandabschnitte Chicagos mit einem atemberaubenden Blick auf die Skyline. Dies war auch der Schauplatz des »Freedom Wade-In« von 1961, als eine ethnisch gemischte Demonstrantengruppe sich gegen die Feindseligkeiten von Bademeistern und weißen Badenden auflehnte und das öffentliche Bewusstsein für die noch immer bestehende Rassentrennung in Chicago schärfte (3111 E 77th Street, www.chicagoparkdistrict.com/parks/rainbow-beach-park).

81 Die Pickwick Alley

Gassen des alten Chicago

Die Pickwick Lane übersieht man leicht, wenn man nicht weiß, dass es sie gibt. Obwohl sie im Herzen des geschäftigen Loop am E Jackson Boulevard 22 liegt, ist dieses Gässlein weniger als drei Meter breit und endet jäh an einem dreistöckigen Gebäude. So kurz es jedoch sein mag, so lang ist seine Geschichte. Man betrete das Kopfsteinpflaster und begebe sich auf Zeitreise.

Einst wuchs die Stadt Chicago um jenen kleinen Bau herum, der noch heute als Pickwick Stable (»Stall«) bekannt ist und keine sechs mal sechs Meter misst. Vor 150 Jahren führte diese Gasse zu einer echten Stallung, die beim Großen Brand von Chicago zerstört wurde. Bald nach der Feuersbrunst erwarb Kaufmann und Mehlhändler Henry Horner mit seiner Frau Fannie Abson das Grundstück und errichtete ein zweistöckiges Gebäude. »Colonel Absons Chop House« war der bevorzugte Fresstempel der damaligen Bonvivants, vor allem das Theaterpublikum zog es nach Vorstellungen hierher. Später ergänzten die Absons das Haus um einen weiteren Stock und zogen dort ein. Nachdem das Lokal anno 1900 geschlossen wurde, kamen und gingen hier noch so einige Speiselokale, darunter das Red Path Inn, Robinson's, das Pickwick Cafe und das 22 East in den 1970ern. Beinahe schlug die Abrissbirne zu, doch zum Glück überlebte diese kleine Ecke Alt-Chicagos.

Dort, wo einst nur eine Sackgasse und Ställe waren, floriert heute ein kleiner Coffeeshop mit wenigen Sitzplätzen. Manche bezeichnen ihn als »urbanes Relikt«, denn er hat sich seit Jahrzehnten nicht verändert, während rundherum die Wolkenkratzer in den Himmel schossen.

Bei den beiden Gebäuden, die die Gasse säumen, handelt es sich um das 16-stöckige Gibbons Building und das 19-stöckige Steger Building, das ursprünglich einer Klavierfirma gehörte. Nachts, im Schein der atmosphärischen Lichterketten, kann man sich das Kommen und Gehen in der Pickwick Lane und jene Tage, in denen Pferde den Verkehr auf den Straßen beherrschten, lebhaft vorstellen.

Adresse 22 E Jackson Boulevard, Chicago, IL 60604 | **ÖPNV** Subway bis Adams/Wabash (Brown, Orange, Purple, Green und Pink Line) | **Tipp** Nur wenige Schritte von der Pickwick Alley entfernt, bei Jackson Boulevard und Michigan Avenue, lag der ursprüngliche Startpunkt der legendären Route 66, Amerikas Hauptstraße.

82__Die Poetry Foundation

Macht der Dichtkunst

Ruth Lilly, Erbin des Pharma-Familienkonzerns Lilly, liebte es, Gedichte zu lesen und zu schreiben. Jahrelang reichte sie beim Fachmagazin »Poetry« erfolglos Selbstgetextetes ein, ließ sich jedoch durch diese Zurückweisung nicht in ihrer Unterstützung der berühmten Zeitschrift beirren. 2002 spendete sie 100 Millionen Dollar an »Poetry«. Ein Teil ihrer Zuwendung wurde genutzt, um für die Poesie-Stiftung »Poetry Foundation« einen neuen Sitz zu bauen. Dies ist der erste Ort in Chicago, der ausschließlich der Dichtkunst gewidmet ist.

Das 1912 gegründete Journal »Poetry« ist eines der weltweit führenden Monatshefte zum Thema Vers-Schmiedereien in englischer Sprache; darin erschienen die Werke von Gwendolyn Brooks, T. S. Eliot, Robert Frost, Ezra Pound, Carl Sandburg, Dylan Thomas oder William Carlos Williams. Der neue Hauptsitz der Poetry Foundation in River North wurde von John Ronan Architects entworfen, eröffnete 2011 und beherbergt eine öffentliche Bibliothek, eine Galerie und einen Garten sowie einen Büroraum für die Stiftung und das Magazin.

Als Harriet Monroe das Journal gründete, begann sie mit der Metapher der offenen Tür (»Open Door«): »Möge der große Dichter, nach dem wir Ausschau halten, die Tür zu seinem umfassenden Genie niemals verschlossen oder halb verschlossen vorfinden!« Monroes Motto folgend betritt man die Stiftung durch eine Öffnung in der schwarzen Blendmauer und sucht protzige vergoldete Türen vergebens. Ein Abbild von Harriet Monroe finden Sie auf einem pointillistischen Gemälde an der Wand neben der Tür zum Performanceraum.

Drinnen zollt ein erhöhter Innenhof der edlen Spenderin Tribut. Die umfangreiche Bibliothek besteht aus über 30.000 Bänden. In Kabinen können Besucher sich Aufnahmen anhören oder Videos ansehen. Zwar kann man immer vorbeikommen, das Haus veranstaltet jedoch auch tägliche Lesungen, Workshops und Performances für Dichter und Poesieliebhaber gleichermaßen.

Adresse 61 W Superior Street, Chicago, IL 60654, Tel. +1 (312) 787-7070, www.poetryfoundation.org | **ÖPNV** Subway bis Chicago (Red Line) | **Öffnungszeiten** Mo–Fr 11–16 Uhr | **Tipp** Die Handy-App POETRY der Poetry Foundation, erhältlich bei iTunes und Google Play, bietet Ihnen die Möglichkeit, das ideale Gedicht für jede Stimmung und Lebenslage zu finden.

83 Der Rainbo Club

Flüsterkneipe und Polkaschenke

In Nelson Algrens Klassiker »Der Mann mit dem goldenen Arm« von 1949 krebst der Weltkriegsveteran Frankie Majcinek am Existenzminimum herum, während er zugleich eine wachsende Alkohol- und Drogensucht bekämpft – »Denn ganz da unten, im doppelten Boden des Schnapsglases, versprach doch noch alles gut auszugehen«. Ein großer Teil der Geschichte spielt in der unmittelbaren Nachkriegszeit in der Division Street und der Milwaukee Avenue, Chicagos altem Polenviertel in Downtown. Der Rainbo Club, eine von Algrens Lieblingskneipen, diente als Inspiration für die fiktive »Tug & Maul Bar«, wo Majcinek sein Bestes gab, um sich die Sorgen schönzusaufen. »An diesem Mittag im Winter sah das Tug & Maul ziemlich genauso aus wie in jener Morgendämmerung zu Ostern. Der Frost sammelte sich an den Fenstern, und bei Nacht würde man Regenbogen im Schnee sehen.«

Algren wohnte im zweiten Stock eines Hauses ohne Fahrstuhl in der W Evergreen Avenue 1958 in fußläufiger Entfernung zum Rainbo Club. Ein Schild erinnert an die Zeit, in der er hier wohnte. Wie jede Spelunke, die etwas auf sich hält, machte der Rainbo Club in seiner langen Geschichte seit der Eröffnung 1936 mehrere Metamorphosen durch. Er war Bar in einem Drugstore, Varieté-Kaschemme, Flüsterkneipe, Polkaschenke. Trotz seiner vielen Verwandlungen änderte sich im Inneren kaum etwas. Man kann sich noch gut die Burlesque-Tänzerinnen vorstellen, die auf der weißen, muschelähnlichen Bühne tanzten.

Die Stammgäste hängen am Tresen ab oder lassen sich in die roten Vinylsessel fallen und versuchen noch immer ihr Bestes, um die Sorgen mit Hochprozentigem hinunterzuspülen, ähnlich wie Frankie Majcinek im Film und Stammgast Nelson Algren in den 1940ern. Auch Liz Phairs Album »Exile in Guyville« ist vom Rainbo Club und seinen Gästen inspiriert, die seit Ewigkeiten dem Hungerkünstler-Klischee entsprechen: Das Coverfoto wurde im Fotoautomaten der Bar gemacht.

Adresse 1150 N Damen Avenue, Chicago, IL 60622, Tel. +1 (773) 489-5999 | **ÖPNV** Subway bis Division (Blue Line) | **Öffnungszeiten** Mo–So 16–2 Uhr (Sa bis 3 Uhr) | **Tipp** Im Zentrum von Chicagos »Polish Triangle«, der dreieckigen Kreuzung der Ashland Avenue, Milwaukee Avenue und Division Street, liegt ein kleiner gusseiserner Springbrunnen, der 1998 Nelson Algren gewidmet wurde. Die Inschrift lautet: »Weil die Massen, die die Arbeit der Stadt verrichten, auch ihr Herz bewahren«. Das Zitat stammt aus Algrens Essay »Chicago: City on the Make«.

84 Das Red Square Spa

Chillen mit Birkenzweig

Wer jene toxischen Elemente, die sein Leben vergiften, mal so richtig ausschwitzen oder eine Tiefenmassage plus Wodka, Borschtsch und Blini genießen möchte, gehe zum Red Square Spa, einem modernen Spa im russischen Stil, das in einem historischen Badehaus untergebracht ist.

Dank dürftiger sanitärer Einrichtungen in vielen Häusern begannen die meisten Bürger Chicagos erst um 1900 regelmäßig zu baden. Forderungen nach öffentlichen Badehäusern, wie sie vor allem die »Municipal Order League« und drei Ärztinnen pushten, führten dazu, dass Stadtoffizielle zwischen 1894 und 1918 in Armen- und Immigrantengegenden 21 kleine und rein zweckmäßige Bäder eröffneten. Eines war das »Division Street Russian and Turkish Baths«, das 1906 aufgemacht wurde und getrennte Badegelegenheiten für Männer und Frauen bot. 2013 wurde es zum heutigen Red Square Spa.

Sehenswert sind die Original-Ziegelöfen in den Banjas (Dampfbädern) für beide Geschlechter. Wem es gelingt, die Tür zu öffnen, ohne sich die Hand zu verbrennen, wird drinnen riesige Granitbrocken erblicken, die jeden Abend mittels Gasbrennern auf mehr als 400 Grad Celsius erhitzt werden und die Temperatur den folgenden Tag über halten. Probieren Sie die traditionelle »Platza Spa«-Behandlung aus. Man wird Sie leicht mit Birken-, Eukalyptus- oder Eichenzweigen peitschen, während Sie flach auf der Holzbank in der Banja liegen. Ihre Augen sind mit einem kühlen Gesichtstuch abgedeckt, sodass die Überraschung umso größer ausfällt, wenn eiskaltes Wasser über Ihnen ausgeschüttet wird. Es mag sich dabei nicht um die chilligste Spa-Behandlung handeln, aber es regt den Kreislauf an und öffnet die Poren – beides notwendig für den Entgiftungsprozess.

Fotos von Stars mit Autogramm säumen den Flur des Erdgeschosses; wer Glück hat, begegnet einer oder zwei Berühmtheiten auch persönlich – im Bademantel.

Adresse 1914 W Division Street, Chicago, IL 60622, Tel. +1 (773) 227-2284, www.redsquarechicago.com | ÖPNV Subway bis Division (Blue Line) | Öffnungszeiten Mo–Fr 10–23 Uhr, Sa, So 7–12 Uhr | Tipp Das zum Spa gehörende Restaurant mit Bar im Erdgeschoss ähnelt dem Speisewagen eines eleganten Luxuszuges des 19. Jahrhunderts und hat alle russischen Klassiker auf der Karte. Zwar spart man hier nicht unbedingt Kalorien, aber immerhin diniert man im taillenfreundlichen Bademantel.

85 Robinson Woods

Geisterstunde

Mysteriöse Schatten, fremdartige Geräusche, glühende Geisterflecken und wabernde Nebel sind angeblich mit der Kamera festgehalten worden – hier, an der alten indianischen Begräbnisstätte, die sich in den Wäldern an der viel befahrenen Lawrence Avenue verbirgt. Wer auszieht, um an einem der paranormalsten Orte Chicagos das Fürchten zu lernen, mag sich eine Taschenlampe schnappen und zu gottloser Stunde in Robinson Woods hineinwandern – sofern er sich traut.

Chee-Chee-Pin-Quay, auch bekannt als Alexander Robinson, war Pelzhändler, zudem erster Sohn eines schottischen Kaufmanns und einer Frau vom Stamm der Chippewa. Als das Fort Dearborn 1812 von den Potawatom angegriffen wurde, half Robinson bei den Verhandlungen um die Freilassung des Captain und einiger der frühen Siedler, die gefangen genommen worden waren. Etwa die Hälfte der 107 Hektar schenkte man dem mutigen Mann zum Dank. Seine Nachfahren lebten weiterhin in einem Haus, das einst hier stand, bis es 1955 abbrannte. Ein Denkmal aus Granit kennzeichnet das Grab Robinsons, seiner französischen Frau Catherine Chevalier sowie 14 ihrer Kinder und Enkel. Als die Stadt während des Baus des O'Hare Airport das Land an sich riss, versprachen Offizielle dem einzigen noch lebenden Erben, dass auch er bei seinen Vorfahren begraben werden könne.

Als er starb, brach die Stadt jedoch ihr Versprechen, was jene paranormalen Aktivitäten in Gang setzte, die noch heute zu beobachten sein sollen. Besucher berichten oft von wirbelnden Stammestrommeln und dem Duft frisch geschnittener Blumen – selbst dann, wenn Schnee liegt.

Folgen Sie dem unausgewiesenen Fußweg vom Parkplatz aus. Er führt zu einer alten Umzäunung und zu einem Sträßchen, die beide das Grundstück Robinsons markieren. Der meiste Spuk scheint von der linken Seite des Denkmals her zu kommen. Neben Geistern wohnen in diesem Uferreservat allerdings auch Hirsche, Biber, Schildkröten und Wildenten.

Adresse W Lawrence Avenue am Des Plaines River, www.fpdcc.com/robinson-woods | **ÖPNV** Subway bis Rosemont (Blue Line), dann Pace Bus 301, 303, 308, 332 bis River/Lawrence | **Tipp** Um zum Haupteingang der Robinson Woods zu gelangen, gehen Sie auf der Lawrence Avenue nach Osten (links); der Parkplatz befindet sich südlich der Straße. Um zum Familiengrab der Robinsons zu kommen, setzen Sie Ihren Weg auf der Lawrence Avenue fort und biegen dann auf der E River Road nach Norden (links) ab. Die kleine Abzweigung liegt westlich der Straße.

86 Rosa's Lounge

Verborgenes Mekka des Blues

Rosa's Lounge ist einer der wenigen verbliebenen versteckten Blues Clubs Chicagos. Das Magazin »Rolling Stone« bezeichnete den Club als »Blues-Mekka für wahre Gläubige«. Tatsächlich sorgt ein Besuch in dieser Taverne bei Novizen wie bei Eingeschworenen für das wohlige Gefühl, angekommen zu sein. Das im North-Side-Viertel Logan Square gelegene Kleinod hält den Blues in einer Zeit am Leben, in der viele andere Clubs längst Feierabend gemacht haben.

Inhaber Tony Mangiullo hatte den Blues schon im Blut, als er ein kleiner Junge war und noch in Mailand lebte. Nach einer Zufallsbegegnung mit dem Kultsänger und Harmonikaspieler Junior Wells machte sich Manguillo auf, seinem Herzen zu folgen und Bella Italia zugunsten des Urban Blues hinter sich zu lassen. Inspiriert von legendären, aber mittlerweile dichtgemachten Bluesclubs wie etwa Theresa's Lounge, eröffnete Manguillo Rosa's Lounge und benannte sie nach seiner geliebten »Mamma«, die ihm 1984 nach Chicago folgte.

Die allabendlichen Acts decken das gesamte Spektrum ab. Sowohl Legenden wie David Honeyboy Edwards, Homesick James und Pinetop Perkins als auch Stars der neuen Ära wie Billy Branch, Melvin Taylor und Sugar Blue spielten schon hier. Ihre Porträts säumen die Wände gemeinsam mit einem Foto von Barack Obama, der hier, bevor er Präsident wurde, regelmäßig Benefizveranstaltungen abhielt.

Gemessen daran, dass hier die Größten der Großen auftreten, gibt sich der Club äußerst zurückhaltend: ein intimes Lokal mit langer Bar und nur ein paar Cocktailtischchen, die um eine kleine Bühne herumstehen, auf der sich jeden Abend aufs Neue die Magie entfaltet. Hier macht man es sich auf einem der Vinyl-Hocker bequem und saugt den Sound in sich auf. Mit ein wenig Glück mixt Mamma Rosa die Drinks. Probieren Sie die Specials des Hauses: Pasta Nonna oder überbackene Pasta mit Auberginen – nur ein Grund mehr, warum dies als die freundlichste Bluesclub Lounge Chicagos gilt.

Adresse 3420 W Armitage Avenue, Chicago, IL 60647, Tel. +1 (773) 342-0452, www.rosaslounge.com | **ÖPNV** Subway bis California (Blue Line) | **Öffnungszeiten** Di–Fr 20–2 Uhr, Sa 20–3 Uhr | **Tipp** Ihre Ohren haben Heißhunger auf Blues, aber Sie schaffen es nicht bis in die Windy City ins Rosa's? Einen Livestream der Lounge gibt es unter www.gigity.tv/rosaslounge.

87__Die Sahiba Boutique

Träume aus Bollywood

In der Devon Avenue, dem Herzen von »Desi Corridor«, Chicagos indischem Viertel, werden die Träume Bollywoods wahr. Man betrete die kleine Boutique in eintöniger Alltagskleidung. Heraus kommt man in einem Hingucker-Sari, mit glitzersteinbesetzten Ohrringen und Armen voller schimmernder Reife. Einen Pass braucht man nicht, um Chicagos Desi Corridor zu besuchen, aber wie in einem fernen Land fühlt man sich gleichwohl, wenn man diesen zehn Blocks langen Abschnitt der Devon Avenue zwischen Ravenswood Avenue und California Avenue entlangschlendert. In einer der bekanntesten und größten südasiatischen Communitys in Nordamerika sorgt die verblüffende Vielzahl von indischen Läden, Cafés und Restaurants entlang der Avenue für einen einzigartigen multikulturellen Trip innerhalb der Stadt. Was hier für Auge und Nase in der Luft liegt, ist immer verlockend. Machen Sie sich also darauf gefasst, die als Streetfood dargebotenen asiatischen Leckerbissen wie im Rausch durchzuprobieren, es gibt alles von Aloo Tikki bis Pani Puri. Mancherorts werden köstlichste Smoothies aus exotischen Früchten angeboten.

Die freundliche Bedienung in der Sahiba Boutique wird Ihnen auch helfen, den perfekten Sari für Ihre Größe und Ihr Temperament zu finden. Wer günstige, ultrabequeme und doch ausgefallene Alltagsklamotten sucht, findet sie in Form von Tuniken und Kurtis, die die Lieblingsleggings aufpeppen. Ein Regenbogen aus Seide, Wolle, Paschmina-Schals und -Umhängen rundet das Angebot an Accessoires ab. Sahiba führt die größte Armreif-Auswahl der Straße, es gibt jede Größe, jeden Stil, jede Farbe. Die funkelnden Stücke bedecken beinahe eine ganze Wand. Zehn Stück kosten etwa so viel wie ein Mango-Lassi. Vollenden Sie Ihren neuen Look mit einem selbsthaftenden Bindi.

Trotz des Schwerpunktes auf Damenbekleidung finden auch Herren eine Auswahl eleganter Kurtas – lockere, elegante Hemden, die bis um die Knie reichen. Man erwartet, dass Sie feilschen: Nichts wie auf zum gelungenen Deal!

Adresse 2614 W Devon Avenue, Chicago, IL 60659, Tel. +1 (773) 465-8390 | **ÖPNV** Subway bis Loyola (Red Line), dann CTA Bus 155 bis Devon & Rockwell | **Öffnungszeiten** Mo–So 11–20 Uhr | **Tipp** Verlassen Sie die Devon Avenue nicht, ohne sich mit asiatischen Süßigkeiten einzudecken. Tahoora Sweets & Bakery hat eine unvergleichliche Auswahl von Leckerbissen im Angebot. Probieren Sie »falso«, kleine pinke oder weiße Bällchen aus speziellem Käse, die in Zuckersirup getaucht werden. (2345 W Devon Avenue, www.tahoora.com)

88 Das Schiffswrack am Morgan Shoal

Tropische Träumerei

Im Lake Michigan, 90 Meter vom Ufer im Stadtteil South Side entfernt, wimmelt es in einem in sechs Meter Tiefe liegenden Atlantis nur so von Leben: Morgan Shoal, ein 13 Hektar großes Kalksteinriff, entstand, als vor Jahrhunderten Gletscher das Becken des Lake Michigan ausfrästen. Wie Studien bestätigten, die das nahe gelegene Shedd Aquarium durchführte, ist es eines der artenreichsten Ökosysteme des Mittleren Westens. Quagga-Dreikantmuscheln besetzen das Riff, während Grundeln, Amerikanische Seesaiblinge, Flussbarsche, Forellenbarsche und die seltenen Klippenasseln – die es schon seit dem Paläozoikum, also seit 300 Millionen Jahren, auf unserem Planeten gibt – die algenbesetzten Winkel und Spalten dessen durchstreifen, was man als Chicagos Antwort auf Korallenriffe bezeichnen könnte.

Schnorcheln Sie zu diesem Unterwasserparadies, und Sie glauben nicht mehr, dass Sie in Chicago sind. An einem klaren, ruhigen Tag kann die Sicht über 600 Meter betragen, dann sind die vielen schwimmenden Kreaturen am seichten Riff gut zu beobachten. Recken Sie den Kopf wieder aus dem Wasser, unterbrechen Sie Ihre tropische Träumerei und lassen Sie Chicagos Skyline in der Ferne auf sich wirken.

Südwestlich des Morgan Shoal liegen die Überreste der »Silver Spray«, eines Ausflugsschiffes von 1894. Im Juli 1914 brachte das 33 Meter lange Boot eine Studentengruppe zu den Stahlfabriken in Nordwest-Indiana, als es auf das felsige Riff auflief und sank. Der überwiegende Teil des Bootes wurde dem Wasser wieder entrissen und an Land verbrannt; Kessel und Schiffsschraube jedoch blieben vor Ort. Ist der Pegelstand niedrig, ragt der Kessel, der oft mit einem Felsen verwechselt wird, aus dem Wasser.

Von Morgan Point bis zu diesem inoffiziellen Naturreservat kann man leicht schwimmen; ein Neoprenanzug und Flossen sind allerdings hilfreich, denn die Temperaturen hier sind definitiv *nicht* tropisch.

Adresse Lake Michigan, 90 Meter von Morgan Point bei E 47th Street und S Lake Shore Drive | ÖPNV Zug bis 47th Street Kenwood (Metra Electric Line) | Tipp »Underwater Safaris« vermietet Schnorchelausrüstung und bietet auch geführte Tauchgänge zum Morgan Shoal und anderen Wracks im Lake Michigan an (2950 N Lincoln Avenue, Tel. +1 (773) 348-3999, www.uwsafaris.com).

89 Das Schildkrötenrennen

Tempo bei Big Joe's

Immer aufregend sind die Wettkämpfe auf Big Joe's »Rennbahnen«. Jeden Freitag um 21 Uhr ist die Kneipe in Lincoln Square Gastgeber eines der schrägsten Ulk-Rennen Chicagos. Sechs Schildkröten messen ihr Sprinttalent in einem von viel Getöse begleiteten Spurt zur Ziellinie. Welche ist die schnellste in der Stadt?

Und so funktioniert's: Kommen Sie früh und trinken Sie reichlich Bier. Die Pitcher kosten hier unter zehn Dollar. Zu jedem Krug erhalten Sie ein Los und damit die Chance, offizieller Schildkröten-Jockey zu werden. Ein Moderator verkündet die Gewinnernummern für die sechs Rennen, die den ganzen Abend dauern mit einem grandiosen Finale am Schluss. Grund genug also, nicht zu früh aufzugeben und fleißig weiterzuzechen, um die Chancen zu erhöhen. Wessen Nummer aufgerufen wird, der sucht sich sein Glückstierchen aus und strebt zur Wettkampfarena.

Startpunkt der Rennen ist die Mitte eines Billardtischs. Die kleinen Athleten werden aufgestellt und mit einer Kuchenglocke abgedeckt, damit sich keiner einen unfairen Vorteil verschaffen kann. Sobald sich die Glocke hebt, rasen die Schildkröten in Top-Schildkröten-Geschwindigkeit zur Ziellinie, die aus dem Rand des Pooltisches besteht. Ihr Job besteht darin, Ihre Kröte mit aller Kraft anzufeuern. Erwarten Sie jedoch nicht, so bald wieder zu Luft zu gelangen – es dauert.

Die Tiere verbringen ihr Leben im Luxus, werden in ihrem feudalen Habitat gehätschelt, gepflegt und vom Team und der Stammkundschaft nur so mit Liebe überschüttet. Kommt man regelmäßig zu den Rennen, so wird man sie an ihren Namen und eigenwilligen Persönlichkeiten auseinanderhalten lernen – und natürlich an ihrem sportlichen Können. Das Beste an diesen Schneckenrennen: Selbst die Verlierer gewinnen. Schafft es Ihre Kröte als erste ins Ziel, gewinnen Sie ein T-Shirt. Ist sie die letzte oder bewegt sich erst gar nicht vom Fleck, ist Ihnen immerhin ein Freibier sicher.

Adresse 1818 W Foster Avenue, Chicago, IL 60640, Tel. +1 (773) 784-8755 | ÖPNV Subway bis Damen (Brown und Purple Line) | Öffnungszeiten So–Fr 13–2 Uhr, Sa 12–3 Uhr | Tipp Die Chicagoer lieben Bar-Wettkämpfe. Streeterville Social (455 N Park Drive, Tel.+1 (312) 840-6600), eine piekfeine Rooftop-Bar im Lowes Chicago Hotel, veranstaltet im Sommer Wettbewerbe mit überdimensionalen Jenga-Spielen. Die Wette gilt auch in der Sluggers World Class Sports Bar (3540 N Clark Street, Tel. +1 (773) 248-0055), einen Steinwurf vom Wrigley Field entfernt, wo Schlagkäfige Baseball- und Bierfreunde willkommen heißen.

90 Die Schlaglöcher

Dellen in der Straße des Lebens

Es bedarf einer Lkw-Ladung an Einfallsreichtum, um nur ein einziges ästhetisches Schandmal in ein Kunstwerk zu verwandeln. Der Chicagoer Künstler Jim Bachor ist noch viel weiter gegangen. Er nahm die Herausforderung an, Chicagos scheußlichste Schlaglöcher zu flicken, sie in reizvolle Mosaike zu verwandeln und so den Straßen und dem Kunstsinn der Community einen Dienst zu erweisen. Seine über 30 Schlagloch-Meisterwerke erinnern auf Schritt und Tritt an die Macht der Kreativität, die Höcker und Dellen in der Straße des Lebens in Orte der Schönheit und des Schöpferischen zu verwandeln.

Chicagos große Temperaturunterschiede sorgen für zahlreiche Unebenheiten im Pflaster. Die Zeit von Dezember bis April gilt als Hochsaison der Schlaglöcher, denn der Schnee verursacht gefährliche Höhlen im Asphalt, die später einbrechen.

Letztes Jahr mussten Trupps der Stadt Tausende Schlaglöcher flicken; sogar »Pothole Tracker« gibt es mittlerweile, Karten des Verkehrsministeriums, die die ausgebesserten Stellen der letzten sieben Tage ausweisen.

Doch sobald der eine Krater eingeebnet ist, erscheint der nächste nur Schritte entfernt, sehr zum Ärger der Autofahrer. Bachors Initiative zur Schlagloch-Revitalisierung entstand 2013, als er ein Pflaster-Loch vor seinem Haus im Viertel Mayfair ausbesserte. Seither hat er die lästigen Straßenscharten in kuriose, aber sehr schön anzusehende Neuauflagen römischer Mosaikböden verwandelt. Man stolpert über Eiswaffeln, Narzissen oder blaue Vögel. Manchmal flickte er die Unebenheiten mit Schotten-Karo, roten und grünen Gucci-Streifen und Louis-Vuitton-Logos oder stattete sie mit Botschaften aus wie: »Schlagloch!« oder »Dies ist kein Schlagloch!«.

Eine interaktive Karte unter www.bachor.com zeigt die genaue Lage. Dennoch ist es am witzigsten, sich von diesen Kunstwerken ganz einfach überraschen zu lassen. Sie liegen ja schließlich auf dem Weg.

Adresse Eine interaktive Karte von Bachors verspielter Kunst finden Sie unter www.bachor.com. | Tipp Chicagos Straßen sind in einem Gittermuster angeordnet, das mittlerweile Kultstatus besitzt. Das Zentrum bildet die Kreuzung der State und Madison Street im Herzen des Loop. Jede Straße trägt den Zusatz »East« oder »West«, je nachdem, ob sie östlich oder westlich der State Street liegt. »North« und »South« kennzeichnen die Lage relativ zur Madison Street. Straßennummern nehmen zu oder ab – abhängig von ihrer Entfernung vom Zentrum in Meilen. Die ungeraden Zahlen sind den Süd- und Ostseiten vorbehalten, während die geraden an Nord- und Westseiten vergeben wurden.

91 Die Schleife aus Eis

Gelungener Wintertag

Auf dem »Maggie Daley Park Skating Ribbon« dahinzugleiten ist wie das Sahnehäubchen auf einem gelungenen Wintertag. Fröhliche Schlittschuhläufer sausen die 300 Meter lange und sechs Meter breite Eisbahn entlang, während Anfänger sich noch am Rand festhalten. Dies ist der schönste Ort in der kalten Jahreszeit, um die winterliche Schwermut zu vertreiben und die Freuden der Saison zu genießen, besonders am Abend, wenn die Wolkenkratzer mit Lichterketten geschmückt sind und die Lichter der Großstadt mit den Sternen am Himmel um die Wette funkeln. Die Kälte macht das Händchenhalten mit behandschuhten Fingern mehr zum Vergnügen als zur Notwendigkeit. Der 81.000 Quadratmeter große Maggie Daley Park im Nordosten des Grant Park, nahe dem Ufer des Lake Michigan, wurde 2014 eingeweiht und ist nach Maggie Daley, der beliebten, 2011 verstorbenen First Lady Chicagos, benannt. Der Park hat Tennisanlagen, den vielleicht erstaunlichsten Spielplatz der Stadt, Picknickwäldchen und prächtige Gärten zu bieten. Im Sommer erproben Anfänger und erfahrene Kletterer ihre Fertigkeiten beim Bezwingen der zwölf Meter aufragenden Kletteranlage. Im Winter wimmelt es auf der »Eisschleife« nur so von Skatern. Die vielen strahlenden Kindergesichter belohnen die Mühen Maggie Daleys, die sich unermüdlich für Chicagos Jugend einsetzte.

Fahren Sie die gesamte Schlaufe ab – die doppelte Länge herkömmlicher Eisbahnen – und bringen Sie sich danach in einem der Aufwärmhäuser mit heißem Kakao wieder auf Normaltemperatur. Die Eisbahn wird immer mal wieder für eine Stunde geschlossen, um das Eis mittels Zamboni-Maschine in Schuss zu halten. Diese hat sogar einen eigenen Twitter-Account (@MDPZamboni), sodass man sicherstellen kann, das Eis in der glattesten Phase zu erwischen.

Wenn im Frühjahr die Kristalle schmelzen, verwandelt sich die Bahn in einen gepflasterten, gewundenen Spazierweg, auf dem man mit Rollerskates willkommen ist.

Adresse 337 E Randolph Street, Chicago, IL 60601, Tel. +1 (312) 552-3000, www.chicagoparkdistrict.com/parks | ÖPNV Zug bis Millennium Station (Metra Electric und South Shore Line); Subway bis Randolph/Wabash (Brown, Green, Orange, Pink und Purple Line) | Öffnungszeiten Mo–Do 12–20 Uhr, Fr 12–22 Uhr, Sa 10–22 Uhr, So 10–20 Uhr | Tipp Wärmen Sie sich nach dem Schlittschuhlaufen bei heißem Kakao und gehobenem amerikanischen Essen in der »Tavern at the Park« wieder auf. Im Sommer kann man auf der Außenterrasse, die den Millennium Park überblickt, ganz wunderbar Cocktails schlürfen (130 E Randolph Street, Chicago, IL 60601, www.tavernatthepark.com).

92 Die Schuhmacher-Schule

Schuhe fürs Leben

In einem ehemaligen Fabrikloft mit frei liegenden Ziegelmauern und Holzbalken näht ein Schuster mit über 40 Jahren Erfahrung Einlagen von Hand. Warmer, schwerer Lederduft durchdringt die Luft. Stahlschneider, Drahtzangen, Ahlen mit Messinggriffen, Scheren, Stanzen und Hämmer hängen an den Wänden oder warten geduldig an langen Arbeitsbänken aus Holz. Es ist eine Szene wie aus »Die Elfen und der Schuhmacher«. Doch dieser fleißige Schuster ist kein kleiner alter Mann, sondern Sara McIntosh, Gründerin der »Chicago School of Shoemaking & Leather Arts«. Ihre auszubildenden »Elfen« sind Frauen und Männer aus der ganzen Stadt – alle sehr beflissen, das beinahe vergessene Handwerk der Schuhmacherei von Hand neu zu entdecken.

Die Schule ist eine der wenigen verbliebenen dieser Art weltweit, die diese Kunst von der Pike auf lehren. Nimmt man an einem der Kurse teil, verlässt man ihn mit einem wahrhaft einzigartigen Paar Sandalen, Mokassins oder Stiefel. Alle sind sie bequem, nachhaltig gefertigt und halten zudem Jahre. Kleine Kursgrößen – nie mehr als vier Schüler – und individuelle Anleitungen stellen sicher, dass der angehende Schuhmacher alles Nötige lernt, um innerhalb des vorgesehenen Zeitrahmens – etwa 18 Stunden – hochwertige Schuhe zu fertigen. Die Schule stellt die Muster, Einlagen und Sohlen in Ihrer Schuhgröße. Sie schneiden das Leder zu, nähen den Oberschuh an die Zwischensohle, kleben diese an der Sohle fest und formen das Leder Ihren Füßen entsprechend. Nach ein paar abschließenden Handgriffen können Sie stolz in Ihren einzigartigen Schuhen von dannen ziehen.

»Unser Ziel ist es, allen Menschen die befriedigende Erfahrung zu ermöglichen, ihre eigenen Schuhe hergestellt zu haben«, so die Schule. »Wenn Sie sich Schuhe kaufen, so haben Sie ein, zwei Jahre etwas an den Füßen. Lernen Sie jedoch das Handwerk, können Sie sich selbst, Familie und Freunde auf Lebenszeit mit Schuhen versorgen.«

Adresse 3717 N Ravenswood Avenue, Chicago, IL 60613, Tel. +1 (773) 334-2248, www.chicagoschoolofshoemaking.com | **ÖPNV** Subway bis Addison (Brown und Purple Line) | **Öffnungszeiten** Kursprogramm auf der Website | **Tipp** Im nahe gelegenen Zan Atelier arbeitet Ausnahmeschneiderin Nazia Zamani mit Ihnen daran, perfekte Kleider zu entwerfen und nach Maß zu fertigen. Wer nach dem sprichwörtlichen Traumkleid sucht, kann es hier zum Leben erwecken (1625 W Montrose Avenue, Tel. +1 (773) 348-8666, www.zanatelier.com).

93 Die Schule für Folk Music

Auf deiner Saite

Win Strake spielte gerade einen dreiwöchigen Gig im Gate of Horn, einem lang verschwundenen Folk-Music-Club in Chicago und Dearborn, als er sich dort mit dem Multiinstrumentalisten Frank Hamilton anfreundete, ebenfalls Folkmusiker auf Erfolgssuche. Das Duo begegnete Dawn Greening – Hausfrau und Herzblutfan –, die ihr Esszimmer zur Verfügung stellte, damit Hamilton ein paar Dollar mit Unterrichtsstunden für Nachwuchskünstler verdienen konnte. Bald saß auch Strake in einem der Kurse und war so fasziniert von den Methoden, dass er Hamilton vorschlug, gemeinsam eine Folkmusikschule zu eröffnen. Gemeinsam entwickelten die beiden Unterrichtsmodelle, die auf Zuhören, Versuch und Irrtum sowie dem Spielen nach Gehör basierten. Zu den frühen Lehrern zählten der Chicago-Blues-Gitarrist Big Bill Broonzy, die Banjospieler Fleming Brown und Stu Ramsey sowie die brasilianische Sängerin und Gitarristin Valucha deCastro.

Kommt man heute an der alten Schule in der Lincoln Avenue vorbei, dringt noch immer Musik aller Genres – Rock, Bluegrass, Jazz, Blues, Country und natürlich Folk – ans Ohr und in die umliegenden Straßen. Betritt man die Konzerthalle, stößt man wahrscheinlich auf einen Weltklassemusiker auf der Bühne. In den Kursräumen erhascht man einen Blick auf klimpernde Gruppen oder einen Workshop für Kinder. Über 7.000 Schüler pro Woche kommen her.

Am besten gesellt man sich gleich einer der wöchentlichen Jamsessions bei, um die lebhaften Vibes der Community zu spüren. Suchen Sie sich ein Genre heraus und bringen Sie Stimme oder ein Instrument mit. Ein Meisterschüler oder gar ein Star braucht man nicht zu sein. Es reicht völlig, Musik mit neuen Freunden machen zu wollen. Wer Folk Music liebt, sollte am »Great Americana Songbook Jam« teilnehmen, der jeden Mittwoch von 12 bis 14 Uhr stattfindet. Der »Folk, Rock and Roots Jam« geht donnerstags von 19 bis 22 Uhr über die Bühne.

Adresse 4544 N Lincoln Avenue, Chicago, IL 60625, Tel. +1 (773) 728-6000, www.oldtownschool.org | ÖPNV Subway bis Western (Brown Line) | Öffnungszeiten Mo–Do 9–22 Uhr, Fr–So ab 9 Uhr bis eine Stunde nach der letzten Show | Tipp Der Musikladen im Haus bietet neue und gebrauchte Instrumente zum Verkauf oder zur Ausleihe an, er besaitet und stimmt Instrumente bis zum nächsten Tag und bietet »ein breites Spektrum an Meinungen zu Musikthemen, die es jeden Tag gratis gibt«.

94 Der Seerosenteich

Die Prärie lebt

Den in einer abgezäunten Ecke des Lincoln Parks gelegenen Alfred Caldwell Lily Pool übersieht man leicht. Die verborgene Oase verheißt einen Moment des Durchatmens inmitten der hektischen Stadt.

Die vom renommierten Architekten Alfred Caldwell entworfene Teichlandschaft erinnert an sattgrüne, mit Wildblumen übersäte Flusstäler in Illinois. Man folge dem Pfad, der sich entlang der mit Seerosen gesprenkelten Lagune durch eine Szenerie mit einheimischen Pflanzen schlängelt, und steige hinter dem gurgelnden Wasserfall die Stufen bis zu einem steinernen Ring hoch, der einen flüchtigen Blick auf den Lake Michigan eröffnet.

Die 1889 als viktorianischer Garten entworfene Anlage wandelte sich dank des geheizten Teichs schnell zum Froschrevier; aggressive Unkräuter siedelten sich an und unterminierten die beabsichtigte romantische Atmosphäre. 1936 wurde Alfred Caldwell beauftragt, den überwachsenen Garten wiederherzustellen. Er wollte im Lincoln Park ein zwei Hektar großes natürliches Ökosystem des Mittleren Westens kreieren. Als das Budget gekürzt wurde, hatte sich Caldwell bereits so auf sein Projekt eingeschossen, dass er seine Lebensversicherung von 5.000 Dollar für 250 Dollar verkaufte und Tausende in Sauk County, Wisconsin, heimische Pflanzen erwarb, um sie mit seiner Mannschaft einzubuddeln. Das Ergebnis ist noch heute eine Ode an den Mittleren Westen, wie er war, bevor der erste Europäer seinen Fuß hierhersetzte.

In den 1950ern eroberten Zugvögel das eingezäunte Paradies. Der Lincoln Park Zoo verstand den Wink und baute den Ort zu einer Vogelschauanlage aus. Abermals überwältigte Wildwuchs zivilisatorische Bemühungen und verursachte weitere Erosion. Erst als die Verwaltung des Parks einschritt, wurde die Landschaft wieder der Originalvision angenähert. Der Seerosenteich öffnete 2002 erneut als goldenes Beispiel für Landschaftsarchitektur im Präriestil.

Adresse 125 W Fullerton Parkway, Chicago, IL 60614, Tel. +1 (773) 883-7275, www.lincolnparkconservancy.org | ÖPNV CTA Bus 151 bis Stockton & Arlington oder CTA Bus 22 bis Clark & Fullerton | Öffnungszeiten Mo–So 6–23 Uhr, in der Wintersaison Nov.–April geschlossen | Tipp Das nahe gelegene, in den späten 1890ern erbaute Gewächshaus des Lincoln Parks sollte in einer sich rasant industrialisierenden Zeit exotische Pflanzen ausstellen. Die viktorianische Glasstruktur erfüllt noch heute diesen Zweck. Eine 1891 gepflanzte, 15 Meter hohe Geigenfeige gedeiht im üppigen Palmenhaus (2391 N Stockton Drive, www.chicagoparkdistrict.com/parks).

95 Showmen's Rest

Wo der Zirkus zur Ruhe kommt

In den frühen Morgenstunden des 22. Juni 1918 zog Alonzo Sargents Lokomotive gerade 20 leere Pullman-Waggons, als er im Führerhaus einnickte und mit dem Zug der Michigan Central Railroad in einen langsameren, mit Artisten vollgepackten Zirkus-Zug auf dem gleichen Gleis raste. Als Sargents Zug den Begleitwagen und vier hölzerne Schlafwagen der Zirkusbahn rammte, starben 86 Zirkusleute beim Aufprall, während 127 verletzt wurden. Fünf Tage später wurden die vielen Clowns, Luftakrobaten, Sensationsdarsteller und Muskelmänner in einem Massengrab zur Ruhe gebettet, das man auf einem Abschnitt des Woodlawn Cemetery ausgehoben hatte. Der Zufall wollte es, dass er kürzlich von der »Showmen's League of America« erworben worden war.

Manche Grabsteine tragen Inschriften – wie »Baldy« oder »Smiley« –, andere bezeichnen die Rolle des Verstorbenen im Zirkus wie etwa »Pferdedompteur«. Weitere lauten schlicht »unbekannter Mann« oder »unbekannte Frau«. Das Grauen des Zusammenpralls und der Lebensstil der Artisten, die oft entlang der Schienen für die nächste Vorstellung aufgelesen wurden, werden beklemmend lebendig. Zu den bekannteren der hier begrabenen Publikumslieblinge gehören die Trapezkünstlerin Jennie Ward Todd von den »Flying Wards«, die Muskelmänner Arthur Dieckx und Max Nietzborn von den »Great Dieckx Brothers« oder die »McDhu Sisters«, Luftakrobatinnen und Elefantendompteurinnen. Fünf Granitelefanten, die Rüssel zum Gedenken gesenkt, wurden in den folgenden Jahren aufgestellt und führten zu Gerüchten über Geistertiere, die des Nachts den Friedhof heimsuchten. Jene Elefanten jedoch, die beim Crash tatsächlich starben, waren zu schwer gewesen für den Transport und daher neben den Schienen begraben worden.

Sargent wurde wegen Totschlags angeklagt, was später zu gesetzlichen Regulierungen für müde Bahncrews führte. Showmen's Rest ist auch heute noch eine Begräbnisstätte für Zirkusmenschen.

Adresse 7750 W Cermak Road, Forest Park, IL 60130, Tel. +1 (708) 442-8500, www.dignitymemorial.com/woodlawn-funeral-home-chicago | ÖPNV Subway bis 54th / Cermak (Pink Line), dann Pace Bus 322 bis Cermak / Burr Oak | Öffnungszeiten Mo – So 8 – 18 Uhr | Tipp Jeden August treten Zirkusleute aus aller Welt an Showmen's Rest auf. Das Event wird beschrieben als »festliche und liebevolle Erinnerung an Zirkusartisten der Vergangenheit«. Rechnen Sie mit ein paar Tränchen und vielen Clownereien rundherum (www.performforthelove.com/showmensrest).

96__Southport Lanes

Langsam und lässig

Es gibt eine sehr wichtige, lebensrettende (oder zumindest beinrettende) Regel, die bei Southport Lanes befolgt werden muss: Nicht kegeln, wenn Sie Beine sehen! Der Grund: Hier werden die Kegel noch von Hand abgeräumt und aufgestellt – von »Pinboys«, echten Menschen, die hinter den Kulissen arbeiten.

Ursprünglich war Southport Lanes als »The Nook« bekannt, ein »gebundenes Haus«, das von der Schlitz Brewery um 1900 gebaut worden war. »Gebundene Saloons« mussten ihr Bier von einer bestimmten Brauerei beziehen. Schauen Sie, ob Sie das Globus-Motiv an der Nordfassade noch erkennen, das von einem roten »Schlitz-Gürtel« zusammengezurrt wird. Als die Prohibition zuschlug, verwandelte sich die Taverne in eine »Vielzweckanlage«: Eine Flüsterkneipe wurde um ein günstig gelegenes Bordell im Obergeschoss und vier Kegelbahnen ergänzt, um den Geldstrom flüssig zu halten, während der Billardraum von heute als illegale Spielhölle fungierte, die Verbindungen zu Pferderennbahnen quer durchs Land unterhielt. Bitten Sie den Barmann, Ihnen den Speiseaufzug zu zeigen – heute hinter dem Regal mit Bowlingschuhen verborgen –, den man einst nutzte, um die Damen des Gewerbes mit Erfrischungen zu versorgen.

Southport Lanes ist die Antithese zu einer modernen Bowlingbahn. Alles geht langsam und lässig vor sich, und es wird von Hand gezählt. Die Pinboys wurden nie durch Automaten ersetzt.

Auch klassischen Billard oder »Candlepin« kann man hier spielen, eine in Neuengland beliebte Variante des Kegelsports mit kleineren Kugeln und dünneren Kegel-Pins.

Das Originalwandbild über den zehn Pins mit ausgelassenen Damen, die um einen Globus herumtanzen, mag zu einer guten alten Dose Schlitz animieren. Heutzutage stehen jedoch auch 32 Craftbiere zur Auswahl. Vergessen Sie nicht, den Pinboys ihr Trinkgeld zukommen zu lassen, indem Sie eine Dollarnote in das Fingerloch der Kugel stecken und sie so auf die Bahn schicken.

Adresse 3325 N Southport Avenue, Chicago, IL 60657, Tel. +1 (773) 472-6600, www.southportlanes.com | **ÖPNV** Subway bis Southport (Brown und Purple Line) | **Öffnungszeiten** Mo–Do 16–2 Uhr, Fr 12–2 Uhr, Sa 12–3 Uhr, So 12–1 Uhr | **Tipp** Etwas weiter die Southport Avenue runter wartet ein weiterer glorreicher Schlitz-Erdball an der Westfassade des »Schuba« und verrät dessen Vergangenheit als »gebundenes Haus«. Heute gilt es dank diverser Livemusikprogramme, die alle sieben Tage der Woche umfassen, als einer der besten Veranstaltungsorte Chicagos (3159 N Southport Avenue, Tel. +1 (773) 525-2508, www.schubas.com).

97 Der Steelworkers Park

Stahlträume

U.S. Steel sorgte für das Rahmenwerk vieler Hochbauten – vom steil aufragenden Willis Tower über die Kult-Zugbrücken bis hin zur Picasso-Statue auf der Daley Plaza. Das 1901 von J. P. Morgan und Anwalt Elbert H. Gary gegründete Unternehmen war einst der größte Stahlproduzent der Welt und auch das erste Unternehmen, das Milliarden machte. Die ehemalige Fabrik »South Works« in Chicagos Southeast Side, die in den späten 1880ern aufgemacht hatte und ab der Jahrhundertwende von U.S. Steel kontrolliert wurde, profitierte vom Süßwasser und den bequemen Transportbedingungen, die sowohl der Lake Michigan als auch der Calumet River boten. Afroamerikanische Einwanderer aus dem Süden und Immigranten aus aller Welt überschwemmten das Gebiet regelrecht und suchten händeringend nach Arbeit in der boomenden Stahlindustrie.

Als die Fabrik 1992 schloss, war das leere Grundstück mit den wenigen bröckelnden Überbleibseln eine traurige Erinnerung an bessere Zeiten. 2014 erhob sich der Steelworkers Park aus der Asche von South Works und wurde den vielen Arbeitern gewidmet, die es Chicago ermöglicht hatten, von der Prärie aus den Himmel zu stürmen.

Wer durch den sieben Hektar großen Park spaziert – eine Naturoase inmitten der Stadt –, mag es schwer finden, sich vorzustellen, dass hier einst über 20.000 Arbeiter malochten. Dennoch ist die Anlage nur so gespickt mit Andenken, darunter eine Reihe massiver Erzwände, heute leer stehende Lagerhallen und ein beweglicher Kran an der Mündung des Calumet River. Wo geschmolzener Stahl floss, wachsen Blumen. Ein umwerfender Blick auf den Lake Michigan und die Skyline der City (gebaut von U.S. Steel) sorgt für einen sehenswerten Hintergrund. Zwei Künstler der Southeast Side, Roman Villarreal und Roman DeLion, schufen die stolze Statue am Parkeingang, die einen helmtragenden Arbeiter und seine Familie darstellt: »Allen Gewerkschaftsmännern und -frauen, die den Traum von Stahl träumten«, heißt es auf dem Schild.

Adresse E 87th Street, am Lake Michigan, Chicago, IL 60617, Tel. +1 (312) 747-6651, www.chicagoparkdistrict.com/parks/steelworkers-park | ÖPNV Zug bis 87th Street (Metra Electric Line) | Öffnungszeiten täglich 6–23 Uhr | Tipp Steelworkers Park ist bei Prärie- und Buschlandvögeln ein beliebter Brutplatz. Hier trifft man während des Sommers seltene Arten wie den Arkansaskönigstyrann, die Spottdrossel, den Schwarzschnabelkuckuck, die Mantelmöwe, den Gartentrupial und den Braunaugenvireo an.

98 Die Sternwarte

Milchstraßen entfernt

Wer jemals davon geträumt hat, die entferntesten Galaxien des Universums auszuspionieren – selbst Billionen Kilometer weit draußen im All –, dem verspricht das Doane Observatory, das beinahe versteckt an den Ufern des Lake Michigan, östlich des Hauptgebäudes des Adler Planetariums, liegt, geradezu esoterisch weit abgelegene Himmelsobjekte vor die Linse zu bekommen. Die 1977 gebaute Sternwarte beherbergt eines der wenigen astronomischen Teleskope der USA, die sich in einer größeren Stadt befinden. Das klassische, über 500 Pfund schwere Schmidt-Cassegrain-Teleskop fängt mit seinen Spiegeln von 50 Zentimetern Durchmesser das über 5.000-Fache jener Lichtmenge ein, die das menschliche Auge wahrnehmen kann, ermöglicht lange Brennweiten und trotz des relativ kurzen Teleskoprohrs eine potenziell hohe Auflösung.

Auf seiner bananengelben, parallaktischen Montierung ist das Observatorium ständig in Bewegung – in der Geschwindigkeit der Erdrotation. Dies hält Himmelskörper zu jeder Zeit im Zentrum des Blickfelds, sodass sie über einen längeren Zeitraum beobachtet werden können, obwohl spezielle Hebel die Apparatur daran hindern, die ganze Runde zu machen. Wer schon immer einmal Sonnenflecken sehen wollte: Die Doane-Warte beherbergt auch ein Coronado-SolarMax-90-Hydrogen-Alpha-Teleskop und einen dichten Filter für das Weißlicht-Teleskop, sodass man direkt in die Sonne blicken kann. Erklimmen Sie die kleine Wendeltreppe zur Kuppel, in der das Teleskop steht, steigen Sie eine weitere Metalltreppe hoch, blinzeln Sie in die Öffnung hinein und machen Sie sich auf Überraschungen gefasst. Trotz der grellen Straßenlichter ist der Blick auf Lake Michigan erstaunlich klar. Das Doane Observatory ist normalerweise von zehn Uhr bis 13 Uhr geöffnet. Rufen Sie vorher an, um zu erfahren, ob auch am Wunschtag geöffnet ist. Die Benutzung der Sternwarte ist stark von Wetterbedingungen und dem Dienst Freiwilliger abhängig; kurzfristige Änderungen sind also jederzeit möglich.

Adresse 1300 S Lake Shore Drive, Chicago, IL 60605, Tel. +1 (312) 922-7827, www.adlerplanetarium.org | ÖPNV Subway bis Roosevelt (Red, Orange und Green Line), CTA Bus 146 ab State Street und Roosevelt Road | Öffnungszeiten Mo–So 10–13 Uhr; da die Öffnungszeiten je nach Wetter variieren, bitte vorher anrufen | Tipp Verpassen Sie nicht die Gelegenheit, im Adler Planetarium die historische »Atwood Sphere«, Chicagos ältestes mechanisches Planetarium im Großmaßstab, zu besuchen, das 1913 konstruiert wurde. Treten Sie in die langsam rotierende Kugel mit einem Durchmesser von fünf Metern ein und beobachten Sie, wie durch die 692 Löcher in der Metalloberfläche die hellsten Sterne des Nachthimmels aufscheinen. Einst lernten hier Piloten, am Nachthimmel zu navigieren.

99__Das TBC-Sanatorium

Frische Luft schnappen

North Park Nature Village mit seinen Feuchtgebieten und offenen Prärien, wo sich Hirsche tummeln, ist ein wunderbarer Ort, um innerhalb der Stadt frische Luft zu schnappen. Die meisten Leute, die hier fröhlich entlangwandern, wissen gar nicht, dass dieses Naturreservat von 18 Hektar einst als lebensrettende Einrichtung für an die tausend Tuberkulose-Patienten fungierte.

Um die vorletzte Jahrhundertwende war die Schwindsucht in Chicago Todesursache Nummer eins. Die Armen der urbanen Gebiete traf es besonders hart. Allgemeine Besorgnis führte 1909 zur Einführung des »Glackin Tuberculosis Law« und zur Erhebung einer Grundsteuer, die der Behandlung und Kontrolle der Epidemie zugutekam.

1915 baute die Stadt das »Chicago Municipal Tuberculosis Sanitarium«, mit 650 Betten und 32 Gebäuden das größte kommunale Sanatorium der USA, das den an der oft tödlich verlaufenden Seuche Erkrankten aus der Stadt kostenlose Kurzzeit- wie Langzeitpflege anbot. Die vielen Fenster und Spazierwege, die das Gebäude umgeben, veranschaulichen sehr gut die damalige Lehrmeinung, nach der frische Luft für die Behandlung wesentlich war. Die Patientinnen lebten in den Ziegelhütten im Südabschnitt, während der Nordabschnitt den Männern vorbehalten war. Im heutigen »Peterson Park Fieldhouse« befand sich eine Forschungseinrichtung, die Hauptpforte diente als Medikamentenausgabe. Heute leben hier Senioren, und es existieren nur kleine Hinweise auf die traurige Geschichte dieser Ecke Chicagos: An mehreren Fassaden sieht man noch das grafische Symbol, das eine menschliche Lunge und ein medizinisches Kreuz darstellt.

Nachdem man die Krankheit mittels neuer, effektiver Medikamente zu beherrschen gelernt hatte, sank die Sterberate im Chicago des frühen 20. Jahrhunderts langsam. Ursprünglich sollte das Krankenhaus in ein Shoppingcenter mit Apartments umgewandelt werden; zum Glück organisierte das Viertel die Umwandlung der Anlage in die Naturoase, die man heute vorfindet.

Adresse North Park Village Nature Center, 5801 N Pulaski Road, Chicago, IL 60646, Tel. +1 (312) 744-5472, www.chicagoparkdistrict.com | **ÖPNV** Subway bis Irving Park (Blue Line), dann CTA Bus 53 bis Pulaski & Ardmore | **Öffnungszeiten** täglich 10–16 Uhr | **Tipp** Das jährliche »Maple Syrup Festival«, das jeden März im North Park Nature Village stattfindet, zapft Bäume an, die vor 100 Jahren im Sanatorium angepflanzt wurden, übt sich im Geschichtenerzählen, im Handwerk und in der Herstellung von Ahornsirup mittels Feuer.

100 Die Ticketbude der Expo

Hier ging es zur White City

Nur 22 Jahre nachdem der Große Brand von Chicago die Stadt verwüstet hatte, erhob sich die »White City« wie Phönix aus der Asche. Der amerikanische Architekt und Stadtplaner Daniel H. Burnham beaufsichtigte die Errichtung von 200 grandiosen klassizistischen Bauten auf über 240 Hektar Land. Jedes der Stuckgebäude wurde gekälkt und von moderner Elektrobeleuchtung erhellt. Auf dem gesamten Gelände der Weltausstellung leuchteten Gaslampen; ihr Licht spiegelte sich romantisch in den vielen Kanälen und Lagunen. Die Weiße Stadt war ein erhabener Anblick.

Eine lange Dauer war ihr jedoch nicht beschieden. Die majestätischen Fassaden bestanden nicht aus Marmor, sondern aus Gips, Zement und Jutefasern und hatten auf lange Sicht keine Chance gegen die strengen Winter.

Kurz nach Schließung zerstörte ein Feuer viele der Gebäude; der Rest wurde abgerissen. Nur der ehemalige »Palast der schönen Künste«, in dem sich heute das »Museum of Science and Industry« befindet, und das Gebäude, das die Delegierten der »Weltkongresse« beherbergte (das heutige Art Institute of Chicago), überlebten in ihren Originalfundamenten. Das »Maine State Building« zog nach Poland Spring, Maine, und das »Dutch House« wurde nach Brookline, Massachusetts, versetzt. Wenige wissen, dass ein weiteres kleines Gebäude überlebte, das noch immer in der Metropolregion Chicagos steht: ein authentisches Tickethäuschen der Weltausstellung.

Das Büdchen, das in einem Hof seitlich des von Frank Lloyd Wright entworfenen »Hills-DeCaro House« steht, wird oft fälschlicherweise für einen Gartenschuppen gehalten. Es war schon alles Mögliche, sowohl ein Spielhaus für Kinder als auch ein Kaninchenstall. Es ist noch immer in Privatbesitz, wird jedoch gelegentlich für Sonderführungen geöffnet, und man kann stets von außen einen Blick auf das Büdchen werfen und sich vorstellen, wie hier die aufgeregten Besucher der untergegangenen Weißen Stadt Schlange standen.

Adresse 213 Forest Avenue, Oak Park, IL 60302 | ÖPNV Subway bis Harlem/Lake (Green Line) | Tipp Die St. John Cantius Church hat einen Haupt- und zwei Seitenaltäre zu bieten, die angeblich von der Expo stammen. Die historische Kirche wurde 1893 geweiht, im Jahr der ersten Weltausstellung in Chicago (825 N Carpenter Street).

101 Die Tiffany-Kuppel

Glanz des Goldenen Zeitalters

Mit über 30.000 Glasstücken in 243 Unterteilungen, die von einem gusseisernen Rahmen zusammengehalten werden, ist der »Tiffany Dome« des Chicago Cultural Center die größte Kuppel dieser Art weltweit. Die prächtige Erinnerung an Chicagos Goldenes Zeitalter wechselt wie magisch die Farben, während natürliches Licht durch die Buntglasscheiben flutet. Die Ausstellung der Tiffany Glass & Decorating Company im Jahr 1893 bei der Expo in Chicago ebnete der Neugründung den Weg zur großen internationalen Bühne, was zu einer größeren Zahl bedeutender Aufträge in Chicago und darüber hinaus führte. Die 1897 über der Mitte der Preston Bradley Hall errichtete Kuppel wurde von Jacob Adolphus Holtzer entworfen, einem Künstler, der besonders für seine eleganten elektrischen Laternen bekannt war, Vorläufer der Tiffany-Lampe.

Das irisierende Favrile-Glas der Kuppel, geschnitten in Form von Schuppen, mit farbigen Steinen und Perlmuttelementen, wurde in Tiffanys New Yorker Atelier vom »Women's Glass Cutting Department« hergestellt, dem Clara Driscoll vorstand, eine begabte Kunsthandwerkerin, die, nachdem sie in Vergessenheit geraten war, erst kürzlich wiederentdeckt wurde. Die Zeichen des Tierkreises umgeben die Spitze, während an der Basis ein berühmtes Zitat des britischen Autors Joseph Addison daran erinnert, dass das Kulturcenter einmal als Chicagos Bibliothek diente: »Bücher sind jenes Erbe, das ein großes Genie der Menschheit hinterlässt und das von Generation zu Generation weitergereicht wird – als Geschenk an die noch Ungeborenen.«

Heute fungiert das Zentrum als Kreativtreffpunkt und rückt die darstellenden, visuellen und literarischen Künste ins rechte Licht. Versuchen Sie mittwochs um 12.15 Uhr herzukommen, wenn die herausragenden »Dame Myra Hess Memorial Concerts« stattfinden – benannt nach der britischen Pianistin, die während des Zweiten Weltkrieges unter der majestätischen Kuppel rund 1.700 kostenlose Lunchtime-Konzerte für Londoner organisierte.

Adresse Chicago Cultural Center, 78 E Washington Street, Chicago, IL 60602, Tel. +1 (312) 744-6630, www.chicagoculturalcenter.org | ÖPNV Subway bis Randolph/ Wabash (Brown, Orange, Green, Pink und Purple Line) | Öffnungszeiten Mo–Do 9–19 Uhr, Fr, Sa 9–18 Uhr, So 10–18 Uhr | Tipp Die Sidney R. Yates Gallery im Chicago Cultural Center, ursprünglich der große Lesesaal der Bibliothek, ist ein Nachbau eines Versammlungssaals im Dogenpalast von Venedig. Das prächtige Interieur der Galerie wurde ebenfalls von der Tiffany Glass & Decorating Company gefertigt.

102 Das Tor der Schlachthöfe

Saumetzger für die Welt

1865 erwarb eine Gruppe von Eisenbahnfirmen eine 151 Hektar große Sumpflandschneise in der South Side Chicagos und schuf die »Union Stock Yard & Transit Co.«, besser bekannt als »The Yards«. Bis 1870 waren zwei Millionen Tiere in diesem ›Meatpacking District‹ geschlachtet worden, der Chicago zum »Saumetzger für die Welt« machte.

Zu Beginn des 20. Jahrhunderts strömten täglich 25.000 Angestellte durch diese Pforte in die Yards, wo sie unter miserablen Arbeitsbedingungen 82 Prozent des Fleisches verarbeiteten, das in den USA konsumiert wurde. Die Schlachthöfe waren gut an die Eisenbahn angebunden; allein im Jahr 1890 wurde der gigantische Viehhof mit zwölf Millionen Rindern und Schweinen beliefert.

Journalist und Romancier Upton Sinclair arbeitete sieben Wochen undercover hier. Sein Roman »Der Dschungel« von 1906 enthüllte die katastrophalen Zustände in der Schlachtindustrie, darunter Horrorgeschichten von Männern, die in Fässer mit kochendem Schmalz fielen, kranken Kühen, die in Dosen landeten, und Ratten, die es bis in die Wurst schafften. »Am Schwein wird alles verwertet bis auf das Quieken«, lautet ein bekanntes Zitat Sinclairs.

Die drastischen Schilderungen führten 1906 zum Erlass eines Inspektionsgesetzes, das wiederum zur Einrichtung der »Food and Drug Administration«, der Lebensmittel- und Arzneibehörde, führte. Die Schlachtarbeiter schlossen sich in Gewerkschaften zusammen, verlangten bessere Arbeitsbedingungen und faire Löhne.

Das um 1875 von John Wellborn Root von den Architekten »Burnham and Root« entworfene Tor wurde von Schlachthof-Chef John B. Sherman in Auftrag gegeben. Über dem Bogen der Pforte befindet sich eine Büste von »Sherman«, dem preisgekrönten Zuchtbullen des Yard-Bosses und Mitbegründers.

Das Tor ist alles, was von den legendären Schlachthöfen Chicagos geblieben ist. Nach Jahrzehnten des Niedergangs schlossen sie 1971, nachdem über eine Milliarde Tiere hier ihr Leben gelassen hatten.

Adresse Ecke W Exchange Avenue und Peoria Street, Chicago, IL 60609 | ÖPNV Subway bis Halsted (Orange Line), dann CTA Bus 8 bis Halsted & Exchange | Tipp Direkt hinter dem Tor befindet sich eine Gedenkskulptur für die 21 Feuerwehrmänner, die 1910 bei einem Brand in den Schlachthöfen umkamen. Die Namen der 530 Chicagoer Firefighter, die bis ins Jahr 2004 bei der Ausübung ihrer Pflicht starben, sind im Sockel des Denkmals eingraviert.

103 Der Totenhügel

Massengrab der Südstaatler

Im größten Massengrab der westlichen Hemisphäre, in einer ruhigen Ecke des Viertels Great Grand Crossing, sind Tausende Gefangene der Südstaatenarmee begraben, die in Camp Douglas ums Leben kamen. Das Confederate Mound Memorial liegt im südwestlichen Abschnitt des Oak Woods Cemetery und stellt die einzige Anerkennung der Frondienste, des Leidens und Sterbens jener rund 6.000 Männer dar, die unter der neun Meter hohen Granitsäule ruhen.

Von Januar 1863 bis zum Kriegsende im Mai 1865 diente Camp Douglas auf Chicagos Südseite am Rand der Prärie als Organisations- und Trainingslager für Freiwilligenregimenter der Unionsarmee – und schließlich auch als Internierungslager für Gefangene der Konföderierten, die entlassen werden sollten und auf ihren Austausch gegen Gefangene der Unionsarmee warteten. Die Sterberate lag im Schnitt bei 20 Prozent. Über 6.000 Südstaatler erlagen Krankheiten, dem Hunger und der bitteren Kälte der Winter 1862 bis 1865. Ursprünglich wurden ihre Leichen auf dem City Cemetery nahe Lake Michigan in Lincoln Park begraben. Von 1865 bis 1867 wurden sie exhumiert und in diesem Massengrab bestattet, das man nun »Confederate Mound« nennt, den Südstaatler-Hügel.

Es handelt sich um ein ovales Grundstück zwischen den Abteilungen eins und zwei des Abschnitts K des parkähnlichen Friedhofs. Die Säule wird von der Bronzestatue eines Soldaten der Konföderierten gekrönt, die auf dem Gemälde »Appomattox« von John A. Elder basiert. Zu den Reliefs am Sockel gehört auch die »Todesvision eines Soldaten«, die einen Gefallenen und sein Pferd auf dem Schlachtfeld darstellt. Das Denkmal wurde von General John C. Underwood entworfen und am 30. Mai 1895 von Präsident Grover Cleveland vor geschätzt 100.000 Zuschauern eingeweiht. Vier Kanonen umgeben das Monument. Zwölf Marmorgrabsteine liegen zwischen ihm und der nördlichen Kanone, um die Gräber der unbekannten Wachen von Camp Douglas Union zu kennzeichnen.

Adresse 1035 E 67th Street, Chicago, IL 60637, Tel. +1 (773) 288-3800 | ÖPNV Zug nach Stoney Island (Metra Electric Line) | Öffnungszeiten Mo–So 8–16.30 Uhr | Tipp Während Sie sich auf dem Oak Woods Cemetery aufhalten, beehren Sie auch die Gräber anderer bemerkenswerter Persönlichkeiten einschließlich Chicagos Bürgermeister Harold Washington, Gangsterboss Giacomo »Big Jim« Colosimo, Olympionike Jesse Owens, Bürgerrechtsaktivistin Ida B. Wells und Physiker Enrico Fermi.

104 Das Übungshaus der Feuerwehr

Wo die Kuh die Laterne umtrat

»Spät eines Nachts, als wir schon schliefen / machte Mrs. O'Leary eine Laterne an / ihre Kuh trat sie um, dann zwinkerte sie und sagte glatt / ›Heute Nacht wird es schön heiß in der alten Stadt!‹« (Volkslied aus Chicago).

Mrs. Catherine O'Leary erinnerte sich daran, Geigenmusik gehört zu haben, als sie am 8. Oktober 1871 zu Bett ging. Zwei Stunden später wachte sie auf. Ihre Scheune in der DeKoven Street 137 stand lichterloh in Flammen. Nicht nur das, in der ganzen Stadt züngelte das Feuer zum Himmel empor. Zwei Tage später waren 800 Hektar Stadtgebiet bis auf die Grundfesten niedergebrannt. Es gab über 300 Tote und 100.000 Obdachlose. Die »Chicago Times« mutmaßte, Mrs. O'Leary habe ihre Scheune selbst abgefackelt. Sie beschrieb die 44-jährige fünffache Mutter als »eine alte Irin«, die »tief gebeugt von der Last vieler Jahre harter Arbeit, Sorgen und Entbehrung war … Die alte Hexe schwor sich, sich an jener Stadt zu rächen, die ihr ein wenig Brennholz oder ein Pfund Schinken verwehrte«.

Es gibt unzählige Theorien darüber, was den Großen Brand von Chicago verursachte. Die arme Mrs. O'Leary und ihre Kuh sind mittlerweile jedoch rehabilitiert. 1997 stellte der Stadtrat deren Unschuld offiziell fest. Heute steht die Trainingsschule des Chicago Fire Department genau dort, wo das Feuer ausbrach. Treten Sie ein und bewundern Sie einen der dampfbetriebenen Löschzüge oder eine Ausstellung der Abzeichen, Bronzestiefel und Helme jener Feuerwehrleute, die bei der Ausübung ihrer Pflicht umkamen. Eine zehn Meter hohe Skulptur stilisierter Flammen namens »Pillar of Fire« von Egon Weiner markiert jene Stelle, an der Mrs. O'Learys Vieh die Laterne umtrat – direkt vor der Schule. Sollte auf dem Grundstück von Mrs. O'Leary Rauch in der Luft liegen – kein Grund zur Panik. Man trainiert hier mit echtem Feuer.

Adresse 558 W DeKoven, Chicago, IL 60607, Tel. +1 (312) 747-7239, www.cpfta.com | ÖPNV Subway bis Clinton (Blue Line) | Öffnungszeiten Mo–Fr 8.30–15.30 Uhr | Tipp Wer eine authentische, ehemals in Betrieb befindliche Feuerwache besuchen möchte, gehe zum Fire Museum of Greater Chicago, das sich aktuell im früheren Quartier der Feuerwache Engine 123 befindet. Fotos, Feuerwehrausrüstungen aus verschiedenen Epochen und sogar Löschzüge sind in diesem zweistöckigen Bau ausgestellt. Derzeit öffnet das Museum nur jeden vierten Samstag im Monat und bleibt im Dezember ganz geschlossen (5218 S Western Avenue, www.firemuseumofgreaterchicago.org).

105 Das Vaudezilla

Einfach mal Sexbombe

Von den 1880ern bis in die 1930er spielte Chicago Gastgeberin für die Varieté-Szene, deren Burlesque-Tänzerinnen sündige Glitzershows hinlegten. Verhaftungen wegen unsittlicher Entblößung waren an der Tagesordnung. Die Stripperinnen machten sich auf der Bühne einen Namen – wie Sally Rand, die 1933 bei der Weltausstellung »Century of Progress« ihren sensationellen Straußenfedertanz aufführte, der sie prompt viermal an einem einzigen Tag ins Gefängnis brachte. Dann folgten die Prohibition und die ersten Nacktfilme – und Burlesque gehörte der Vergangenheit an.

Auftritt Vaudezilla, wo sich eine neue Generation kecker Sexgöttinnen ihr Publikum erobert und die freizügigen Possen wiederbelebt. Die Akademie ist auf Burlesque spezialisiert und ein Ort, an dem auch das schüchternste Hascherl seine Scheu überwinden und auf der Bühne die ganz eigene Erotik-Nummer entwickeln kann.

Die Schule wurde 2008 gegründet – als sich die Chicagoer Solo-Burlesque-Performerin »Red Hot Annie« mit Keith Enroll (aka »Dick Dijon«) zusammentat – und bietet Kurse in allem von Slapstick-Schäkereien über Boa-Räkeleien bis zum vollendeten Schleiertanz an. Wer damit liebäugelt, der buche »Vaudezilla's Cabaret Showgirl Intensive«, eine Serie von Workshops, die Einzelcoaching und Gruppenübungen umfassen und Neugierige mit den kreativen Prozessen vertraut machen. Am letzten Freitag des Kurses performen die Teilnehmer zum ersten Mal on stage in ihrer lasziven Bühnen-Persona.

»Die Schülerinnen kommen her, um herauszufinden, wie sie sich bewegen müssen, um sich in ihrer eigenen Haut sexy zu fühlen – und hier lernen sie genau das«, erklärt Inhaberin Red Hot Annie. »Ich höre immer wieder, wie viel Selbstsicherheit es schafft, sich was zu trauen. Man lernt, wie man einen Raum beherrscht und die Aufmerksamkeit des Saals auf sich richtet. Das sind Fähigkeiten, die man in persönlichen Beziehungen genauso braucht wie bei öffentlichen Auftritten.«

Adresse 3614 W Belmont Avenue, Chicago, IL 60618, Tel. +1 (773) 558-0081, www.vaudezilla.com | ÖPNV Subway bis Belmont (Blue Line) | Öffnungszeiten Kurspläne und Events siehe Website | Tipp Vaudezilla hostet jeden Monat eine Anzahl von Community-Events einschließlich der populären »Craft and Crab«-Sessions, der Burlesque-Version von »Stitch and Bitch« – plauderlastigen Strickrunden. Sie können mit der Garderobe für Ihre aktuelle Nummer herkommen und während der Arbeit am Kostüm ausgiebig mit den Mädels quatschen.

106 Vavoom Pinups

Frauenpower im Rückspiegel

Wer schon immer von einer Zeitreise geträumt hat, die ihn auf sein Retro-Selbst treffen lässt, findet hier die passende Zeitmaschine. Bei Vavoom Pinups trifft frau auf ihr glamouröseres Alter Ego – als Pin-up. Das Fotoatelier wird Sie von der modernen Frau in eine Vintage-Sexbombe verwandeln und die Metamorphose bei einem frechen, sinnlichen Fotoshooting festhalten.

Als Inhaberin Heather Stumpf etwa zehn Jahre alt war, stieß sie in einer Schublade ihres Großvaters auf alte Pin-up-Illustrationen. Als sie fasziniert die üppigen Kurven und knallrot lächelnden Lippen betrachtete, ahnte sie noch nicht, dass sie ihre Berufung gefunden hatte. »Ich bin der festen Überzeugung, dass wir alle schöne Frauen sind«, erklärt Stumpf. »Jede von uns verdient es, sich als zeitlose, glamouröse Ikone zu fühlen. Selbstbewusstsein kommt von innen, doch wirft man das mit dem Vavoom-Erlebnis zusammen, explodiert das Ganze.«

Betreten Sie das Atelier, tauschen Sie Ihre Alltagsklamotten gegen eine verführerische Seidenrobe. Das Team von Haar- und Make-up-Stylisten wird den besten Retro-Look aus Ihnen herausholen. Schließlich wählen Sie ein neues Outfit, Schuhe und Accessoires aus dem Schrank mit endlos viel Vintage-Schnickschnack. Als Hintergrund dienen eine mintgrüne und gelbe Küche der 1950er, ein modernes Wohnzimmerset mit Teppichboden oder gar eine Tiki-Bar.

»Die meisten von uns haben noch nie ein Foto gesehen, auf dem sie von Kopf bis Fuß drauf sind … Macht man dann eins, ist es unglaublich aufregend. Vielen Frauen geht in diesem Moment ein Licht auf«, so Stumpf weiter. »So viele unserer Kundinnen kommen noch mal wieder und erzählen uns, wie sehr diese Erfahrung sie verändert hat. Nach dem Shooting fanden sie endlich ihre Stimme und machten sich lustvoll und souverän daran, die nächsten Herausforderungen zu meistern. Wenn das keine Frauenpower ist, weiß ich nicht, was.«

Adresse 724 W Hubbard Street, Chicago, IL 60654, Tel. +1 (773) 726-1109, www.vavoompinups.com | **ÖPNV** Subway bis Grand (Blue Line) | **Öffnungszeiten** nach Vereinbarung | **Tipp** Die Stylistinnen im »Tigerlilie Hair Salon« sind Spezialistinnen in der lange verloren gegangenen Kunst des Frisierens nach alter Schule. Von frechen Kurzhaarschnitten bis zu Beehives können Sie Ihre Retro-Träume Wirklichkeit werden lassen (4539 N Western Avenue, Tel. +1 (773) 506-7870, www.tigerlilie.com).

107 Die vergessene Lincoln-Büste

Sphinx der South Side

An der Ecke der 69th Street und der Wolcott Avenue blickt neben einer Bushaltestelle, einem rostigen Sicherheitszaun und einem leer stehenden Haus eine alte Alabasterbüste über die Szenerie hinweg. Trotz der suboptimalen Platzierung bleibt die Miene der 1,50 Meter großen Büste ernst und würdevoll. Wer ist dieser Mann? Und wie ist er in dieser unscheinbaren Ecke von West Englewood gelandet?

Es war einmal eine Tankstelle namens Lincoln Gas Station. 1926 gab Inhaber Phillip Bloomquist eine Statue in Auftrag – von niemand Geringerem als dem 16. Präsidenten der USA –, um sein noch junges Unternehmen ans Laufen zu bringen.

Die Zeit verging, die Tankstelle ging leider pleite und wurde abgerissen. Die Lincoln-Büste jedoch blieb an ihrem Platz ... seit nun beinahe 90 Jahren. Inzwischen wurde Lincoln schon bunt angemalt, und die berüchtigte Straßengang »Gangster Disciples« benutzte ihn, um ihr Revier zu markieren. Irgendwann brach seine Nase ab, was ihn in eine Art Sphinx der South Side verwandelte.

Die Büste kann allerdings nicht mit der überlebensgroßen Lincoln-Statue von Augustus Saint-Gaudens mithalten. Als diese 1887 im Lincoln Park enthüllt wurde, bezeichnete die »New York Evening Post« sie als »die bisher bedeutendste Hervorbringung amerikanischer Bildhauerkunst«. Die in der Westecke des Parks nahe Belden Avenue und Cannon Drive aufgestellte Statue zeigt einen nachdenklichen Präsidenten, der sich von einem Stuhl erhebt, und regte Nachahmungen an, die noch heute in aller Welt zu finden sind (etwa diejenige auf Londons Parliament Square). Später schuf Saint-Gaudens den »Sitzenden Lincoln« im Grant Park. Die »vergessene Lincoln-Büste« bleibt ein unverwüstlicher Teil des Viertels. Obwohl die Elemente die markanten Züge abgetragen haben, weiß der alte Abe sich nach all diesen Jahren immer noch Respekt zu verschaffen.

Adresse Ecke 69th Street und Wolcott Avenue, Chicago, IL 60636 | ÖPNV Subway bis 69th (Red Line), dann CTA Bus 67 bis 69th Street & Wolcott | Tipp Stewart's Family Affair BBQ House liegt direkt gegenüber der Büste in der W 69th Street 1900. Hier gibt es seit über 30 Jahren authentisches Essen im Chicagoer BBQ-Style. Probierenswert: die geräucherten Rib Tips.

108 Walt Disneys Geburtshaus

Wo die Magie zur Welt kam

1891 zog ein junges Paar, Elias Disney und seine Frau Flora, von Kissimmee, Florida, nach Chicago. Elias war Schreiner von Beruf und hatte bei der Weltausstellung 1893 einen Job ergattert. Das Paar kaufte für 700 Dollar ein leeres Grundstück in der N Tripp Avenue 2156 im Viertel Hermosa. Flora entwarf ihr Traumhaus, und Elias baute das rechteckige Holzhaus für die bereits fünfköpfige Familie, in dem bald noch zwei Familienmitglieder mehr leben sollten. Walter »Walt« Disney wurde im Schlafzimmer des ersten Stocks geboren.

Die jüngere Schwester Ruth folgte zwei Jahre später und vervollständigte die siebenköpfige Familie. Als Walt gerade vier Jahre alt war, zog die Familie auf eine Farm in Marceline, Missouri, jene Kleinstadt, der die Main Street USA in »Walt Disney World« nachgebildet ist.

Nur wenige Menschen wissen, dass dieses bescheidene Haus der Geburtsort einer Kultur-Ikone Amerikas ist. Jahrelang stand es verwahrlost und heruntergekommen in der Gegend herum. Keine Schilder verweisen darauf, dass es sich hier um den Ort handelt, an dem der Disney-Traum das Licht der Welt erblickte. Erst die aktuellen Eigentümer, Brent Young und Dina Benadon, wollten die Rettung sein. Sie kauften das Grundstück und haben Pläne, das Haus so zu restaurieren, das es wieder aussieht wie in der vollen Glorie des frühen 20. Jahrhunderts.

Nachdem Elias Disney in die »O-Zell Company«, eine Marmeladen- und Saftfabrik, investiert hatte, kehrte die Familie Disney aus Kansas City nach Chicago zurück und ließ sich 1917 in der Near West Side nieder. Der junge Walt ging auf die McKinley High School, nahm ein Abendstudium an der Kunstakademie auf und blieb in Chicago, bis er sich im September 1918 als Sanitätsfahrer beim Roten Kreuz meldete, von wo aus man ihn ins Frankreich des zu Ende gehenden Ersten Weltkrieges verschiffte. Nach Chicago kehrte er nie zurück.

Adresse 2156 N Tripp Avenue, Chicago, IL 60639, www.thewaltdisneybirthplace.org | ÖPNV Zug bis Healy Station (Metra Milwaukee District/North Line) | Tipp Elias Disney baute nicht nur die »St. Paul Congregational Church« (heute »Iglesia Evangelica Bautista Betania«) in der N Keeler Avenue 2255, einen Block vom Geburtshaus Walt Disneys entfernt, sondern benannte auch seinen Sohn nach dem Pastor der Kirche, Walter Parr. Walt Disney wurde hier auch getauft.

109 Die Wandbilder von Pilsen

Yes, you can

Die Wandbilder, die im Viertel Pilsen nahezu jedes Fleckchen bedecken, spiegeln die geteilten Sorgen, Freuden, politischen Anliegen, Erinnerungen und die Latino-Kultur der Anwohner wider. Was als Initiative für urbane Kunst begann, um Graffiti-Banden zu vertreiben und diesen Winkel der Stadt zu verschönern, hat sich zu einer provokanten Kunstgalerie gemausert, die die Geschichten der Anwohner via Freiluftkunst erzählt und das Viertel zum Kreativzentrum macht.

1993 wurde der Künstler Francisco Mendoza beauftragt, das Einfallstor nach Pilsen neu zu gestalten: Gemeinsam mit 20 Schülern schuf er an der Außenfassade des Bahnhofs »Las Mujeres« ein Mosaik, das die furchtlosen, schönen Mexikanerinnen der Vergangenheit und Gegenwart feiert. 1998 scharte Medoza erneut eine Gruppe Teenager um sich und packte den gesamten Bahnhof mit Kunst voll – jede Oberfläche ist mit wunderschönen Mauerbildern bedeckt.

In der W 18th Street 1401 erinnert die stockwerkhohe »Declaration of Immigration« des Künstlers Salvador Jimenez und einer Gruppe von Schülern eindringlich daran, dass wir eine Stadt und eine Nation von Einwanderern sind und dass Pilsen zunächst Einwanderern aus Böhmen eine Heimat bot, später solchen aus Mexiko.

Das Mauerbild »Gulliver En El País De Las Maravillas« (1900 W Cullerton Street) bedeckt das Atelier seines Schöpfers Hector Duarte. Das von »Gullivers Reisen« inspirierte Kunstwerk stellt Gulliver nicht als Reisenden, sondern als mexikanischen Einwanderer dar, der sich aus einem Stacheldrahtzaun zu befreien versucht. »Increíbles Las Cosas Q' Se Ven« von Jeff Zimmerman würdigt die Opfer, die vergangene für die nachfolgenden Generationen erbracht haben. Es zeigt Migranten, die einen Fluss überqueren, die Gesichter von malochenden Arbeitern und schließlich zwei triumphierende mexikanisch-amerikanische Uni-Abgänger: »Si, se puede.« – »Yes, you can«.

ÖPNV Subway bis 18th (Pink Line) | Tipp Runden Sie Ihre Tour nach Pilsen mit einem Besuch der Ausstellung »Nuestras Historias« im National Museum of Mexican Art ab. Diese dynamische Dauerausstellung beleuchtet die mexikanische Identität von vergangenen Zeiten bis heute (852 W 19th Street, www.nationalmuseumofmexicanart.org).

110_Zap Props

Wo die Traumfabrik einkauft

Ein gelungenes Set-Design, gepaart mit den perfekten Requisiten, kann einer Geschichte schon Leben einhauchen – auf der Theaterbühne, beim Film oder auch daheim. In der riesigen Lagerhalle von Zap Props – mit über 3.300 Quadratmetern eine der größten der Welt – finden sich all jene skurrilen Kunstobjekte, historischen Versatzstücke oder verrückten Unikate, denen Film- und Theaterregisseure so hinterher sind. Das Depot fertigt Einzel-Requisiten selbst vor Ort und leiht moderne oder antike Bühnenausstattungen als traumhafte Kulisse aus. Vom Boden bis zur Decke ist der Laden vollgepackt mit Dingen, die Sie auf Zeitreise in die Vergangenheit oder zurück in die Zukunft schicken: Discokugeln, Vintage-Fahrräder, funktionierende Grammofone und etliches mehr. Viele der Stücke erkennt man wieder, weil sie ihr Debüt im Film, Fernsehen oder bei einer Bühnenproduktion bereits hinter sich haben.

Lange bevor Hollywood sich zur Traumfabrik samt Stars entwickelte, war Chicago eine ausgeprägte Filmstadt. Im frühen 20. Jahrhundert gab es hier mehr Produktionsfirmen und Filmemacher als in jeder anderen US-Stadt. Die Essanay-Studios, heute noch am bekanntesten für ihre Charlie-Chaplin-Komödien von 1915, produzierten jede Woche zahlreiche Stummfilme.

In den 1980ern führte ein Revival in Chicago zu Kultfilmen wie »Blues Brothers«, »Das darf man nur als Erwachsener«, »Ferris macht blau«, »Die Farbe des Geldes«, »Lockere Geschäfte« oder »Die Unbestechlichen«. Eine Steuergutschrift von 30 Prozent auf alle Filmproduktionskosten innerhalb des Staates Illinois, die 2009 eingeführt wurde, brachte Filmschaffende zurück nach Chicago.

Der Inhaber von Zap Props, Bill Rawski, und sein Team bieten auch Drucke und Rahmungen an, darüber hinaus einen Shop für Holz- und Schweißerarbeiten. Rawski weiß selbst nicht genau, wie viele Gegenstände sein Inventar umfasst, was einen Trip hierher zur echten Schatzsuche macht.

Adresse 3611 S Loomis Place, Chicago, IL 60609, Tel. +1 (773) 376-2278, www.zapprops.com | ÖPNV Subway bis Ashland (Orange Line) | Öffnungszeiten Mo–Fr 9–18 Uhr | Tipp Bevor die strengen Winter Chicagos die Filmstars in die Flucht nach Westen schlugen, produzierten die Essanay-Studios Stummfilme mit Stars wie Colleen Moore, Gloria Swanson und natürlich Charlie Chaplin. G. M. Anderson, der Mitinhaber des Studios, wirkte in den sehr populären Broncho-Billy-Western mit. Das Studio wurde zwar aufgelöst, aber das Gebäude der Essanay Film Manufacturing Company in der W Argyle Street 1345 kann man immer noch besichtigen.

111 Die Zebra Lounge

Fly Me to the Moon

Für Nachtschwärmer endet ein Abend der Extraklasse immer in der Zebra Lounge; man schlürft seine Lemon Drops und singt mit dem Mann am Klavier bis in die Morgenstunden. Die versteckt in der Lobby eines Apartmentgebäudes im glamourösen historischen Viertel Gold Coast gelegene Bar sorgt seit 1929 sieben Nächte die Woche für Schwoof. Erst als Immobilienmogul und Hotelier Potter Palmer 1882 in die Gegend zog, verwandelte sich Gold Coast von einer verelendeten Sumpflandschaft in eines der angesagtesten Viertel der Stadt. Obwohl Palmers Palast mit 43 Zimmern der Abrissbirne anheimfiel, hat sich die Gegend ihren todschicken, exklusiven Charakter bewahrt. Während man in der Division Street auf viele Randale-Bars trifft, die College-Studenten frequentieren, verbirgt sich die Zebra Lounge im eleganten State Parkway, wo die älteren Semester den Abend bei einem letzten Cocktail ausklingen lassen.

Man beachte das diskrete schwarz-weiße Schild an der Fassade des Canterbury Court im noblen State Parkway; hinein geht es übers Foyer. Überall poppt das Zebra-Motiv ins Blickfeld: Zebralampen erleuchten die Bar, zebra-inspirierte Kunst säumt die Wände, schwarze und weiße Streifen zieren auch die Cocktailkarte. Ab 22 Uhr kommt Leben in den Raum mit 45 Sitzgelegenheiten. Dann nämlich werden die Martinis (Markenzeichen!) und Champagner serviert, und die Musik sorgt dafür, dass das Publikum sich näherkommt.

Vor allem kommt man wegen der »Piano Men« her, einer Crew aus fünf Klavier-Entertainern, die im Rotationsverfahren in die Tasten hauen und Evergreens zum Besten geben; die Top-Nachfrage besteht nach »Piano Man« oder »Fly Me to the Moon«.

Die Karte der lebhaften Lounge führt ausschließlich Champagner, Wein, Bier und drei spezielle Martinis auf. Einfach probiert haben muss man den »Faster Pussycat« mit Premium-Tequila, Grand Marnier, einem Spritzer Chardonnay und einem Stück frischer Limette auf dem salzigen Rand.

Adresse 1220 N State Street, Chicago, IL 60610, Tel. +1 (312) 642-5140, www.thezebralounge.net | ÖPNV Subway bis Clark/Division (Red Line) | Öffnungszeiten Mo–Fr 18–2 Uhr, Sa 19–3 Uhr, So 19–2 Uhr | Tipp Szenen aus dem Kassenschlager »Nochmal so wie letzte Nacht« von 1986 mit Rob Lowe und Demi Moore wurden im Mother's gedreht. Das Herzchen-Schild über der Tür in der Division Street verrät Passanten, dass dies eine Bar zum Anbandeln ist, und sei es nur für eine Nacht (26 W Division Street).

1
Glenview
Wilmette
94
Evanston
Skokie
294
Park Ridge
56
Lincolnwood
87
9
2
90
4
85
Norridge
51
32
90
3
Elmwood Park
Melrose Park
100
Oak Park
Maywood
Chicago
290
95
ester
Cicero
90
55
Lyons
Summit
Chicago
Midway Int'l
Airport
80
Bridgeview
Burbank
94
97
90
17
Hickory Hills
Evergreen Park
57
94
Worth
294
18
N
Crestwood
0
2 km
Dolton

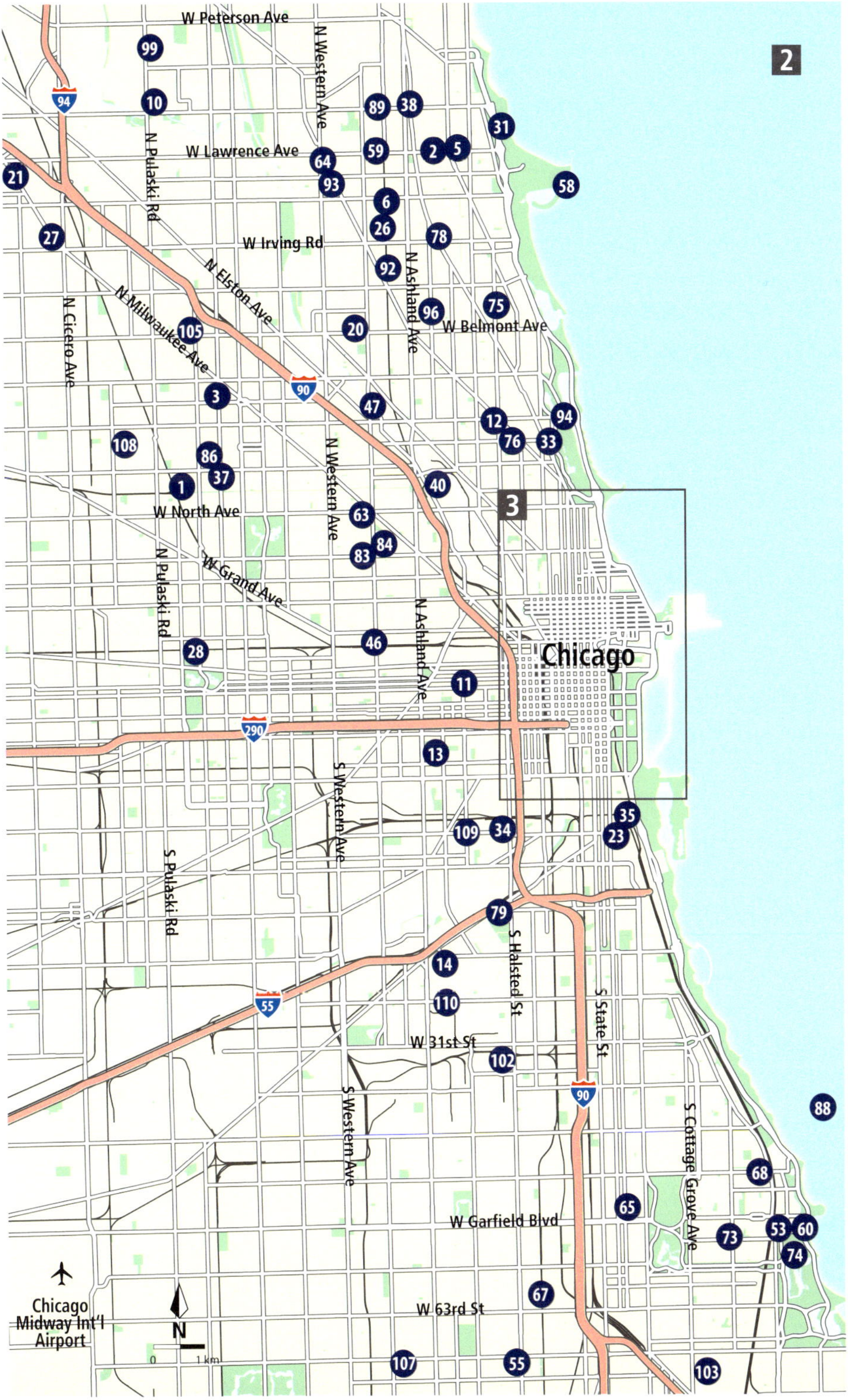

2
W Peterson Ave
N Western Ave
W Lawrence Ave
N Pulaski Rd
W Irving Rd
N Elston Ave
N Milwaukee Ave
N Ashland Ave
W Belmont Ave
N Cicero Ave
W North Ave
N Western Ave
W Grand Ave
N Pulaski Rd
N Ashland Ave
3
Chicago
S Western Ave
S Pulaski Rd
S Halsted St
S State St
W 31st St
S Western Ave
S Cottage Grove Ave
W Garfield Blvd
W 63rd St
Chicago Midway Int'l Airport
N
0
1 km
94
90
290
55
90
99
10
89
38
31
59
2
5
64
93
21
58
6
26
78
27
92
96
75
20
105
47
3
12
94
76
33
108
86
37
1
40
63
84
83
46
28
11
13
35
109
34
23
79
14
110
102
88
68
65
53
60
73
74
67
107
55
103

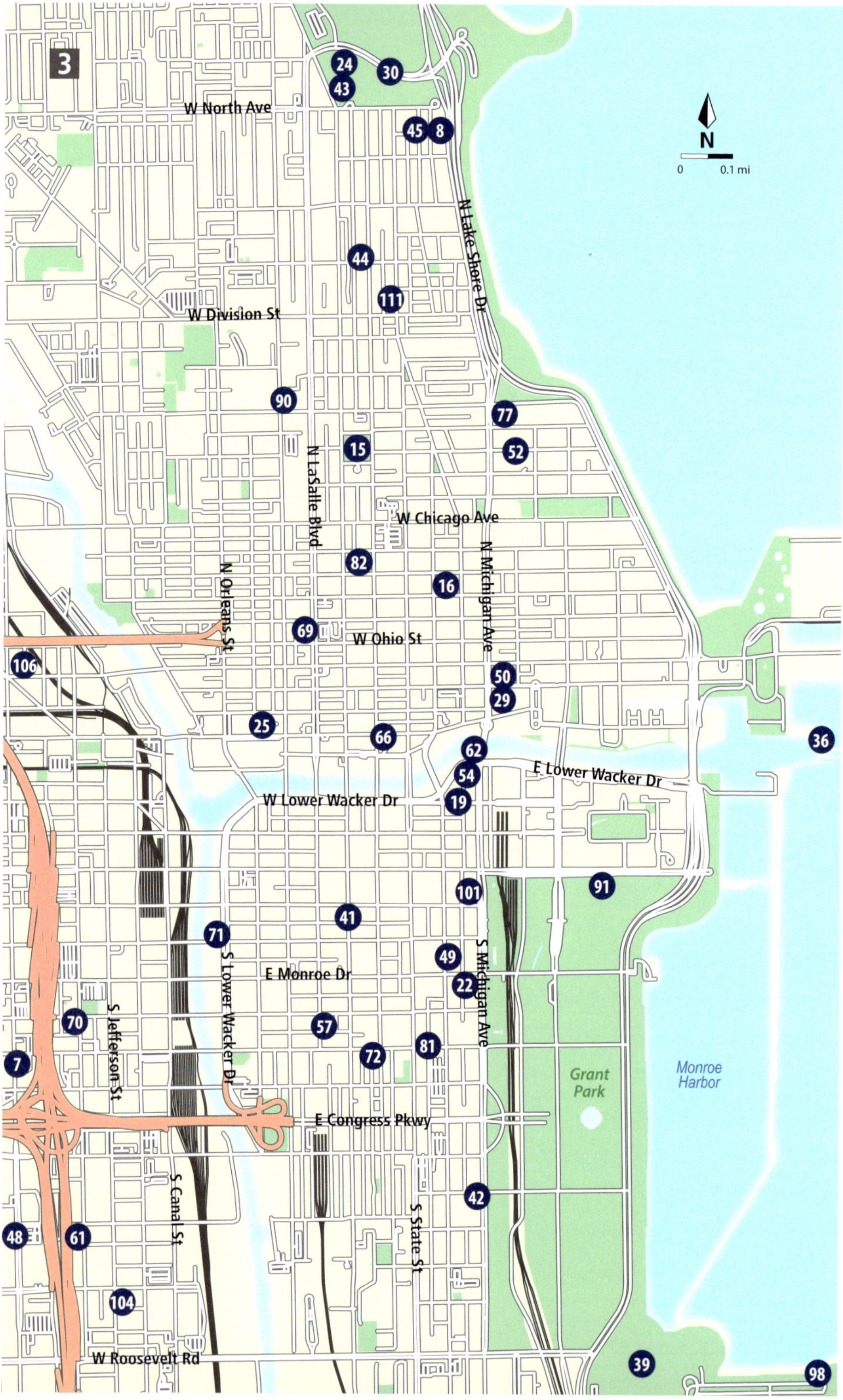
3
N
0
0.1 mi
W North Ave
W Division St
N Lake Shore Dr
N LaSalle Blvd
W Chicago Ave
N Orleans St
N Michigan Ave
W Ohio St
E Lower Wacker Dr
W Lower Wacker Dr
S Lower Wacker Dr
E Monroe Dr
S Michigan Ave
S Jefferson St
Grant Park
Monroe Harbor
E Congress Pkwy
S Canal St
S State St
W Roosevelt Rd
24
30
43
45
8
44
111
90
77
52
15
82
16
69
106
50
29
25
66
62
36
54
19
101
91
41
71
49
22
70
57
81
72
7
42
48
61
104
39
98

Stefanie Thiedig, Xie Kaijin
111 Orte in Peking, die man gesehen haben muss
ISBN 978-3-7408-0250-9

Kathrin Bielfeldt,
Raymond Wong, Jürgen Bürger
111 Orte in Hongkong, die man gesehen haben muss
ISBN 978-3-95451-914-9

Christine Izeki, Björn Neumann
111 Orte in Tokio, die man gesehen haben muss
ISBN 978-3-7408-0117-5

Jo-Anne Elikann
111 Orte in New York, die man gesehen haben muss
ISBN 978-3-95451-512-7

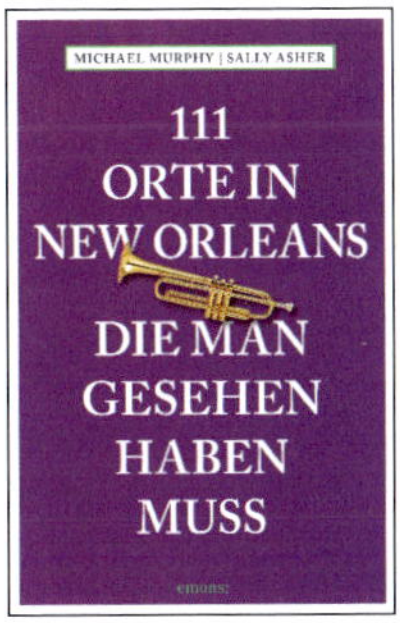

Michael Murphy, Sally Asher
111 Orte in New Orleans, die man gesehen haben muss
ISBN 978-3-95451-860-9

Floriana Petersen
111 Orte in San Francisco, die man gesehen haben muss
ISBN 978-3-95451-750-3

Gordon Streisand
111 Orte in Miami und auf den Keys, die man gesehen haben muss
ISBN 978-3-95451-846-3

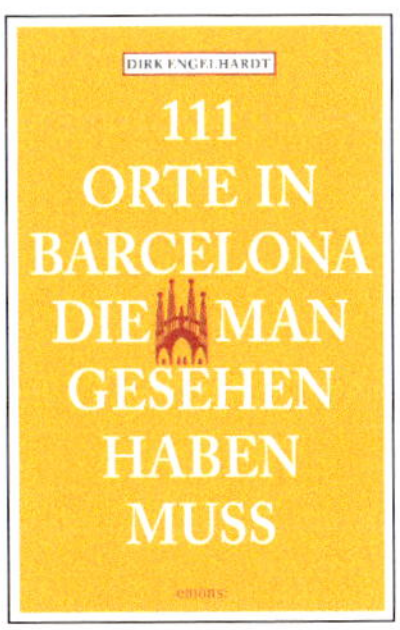

Dirk Engelhardt
111 Orte in Barcelona, die man gesehen haben muss
ISBN 978-3-95451-066-5

Dorothee Fleischmann,
Carolina Kalvelage
111 Orte in Budapest, die man gesehen haben muss
ISBN 978-3-95451-744-2

Ralf Nestmeyer
111 Orte an der Côte d'Azur, die man gesehen haben muss
ISBN 978-3-95451-563-9

Annett Klingner
111 Orte in Rom, die man gesehen haben muss
ISBN 978-3-95451-219-5

Sybil Canac, Renée Grimaud, Katia Thomas
111 Orte in Paris, die man gesehen haben muss
ISBN 978-3-95451-847-0

Joscha Remus
111 Orte in Luxemburg (Stadt), die man gesehen haben muss
ISBN 978-3-7408-0363-6

Tarja Prüss, Juha Metso
111 Orte in Helsinki, die man gesehen haben muss
ISBN 978-3-7408-0342-1

Peter Eickhoff, Karl Haimel
111 Orte in Wien, die man gesehen haben muss
ISBN 978-3-89705-969-6

Gerd Wolfgang Sievers
111 Orte in Venedig, die man gesehen haben muss
ISBN 978-3-95451-352-9

Beate C. Kirchner
111 Orte in Florenz und im Norden der Toskana, die man gesehen haben muss
ISBN 978-3-95451-513-4

Jan Gralle, Vibe Skytte, Kurt Rodahl Hoppe
111 Orte in Kopenhagen, die man gesehen haben muss
ISBN 978-3-7408-0243-1

Marx de Morais
111 Orte in Turin und im Piemont, die man gesehen haben muss
ISBN 978-3-95451-736-7

Kai Oidtmann
111 Orte in Island, die man gesehen haben muss
ISBN 978-3-95451-829-6

Laszlo Trankovits, Rüdiger Liedtke
111 Orte in Kapstadt, die man gesehen haben muss
ISBN 978-3-95451-456-4

Fabrizio Ardito
111 Orte in Umbrien, die man gesehen haben muss
ISBN 978-3-7408-0238-7

Fabrizio Ardito
111 Orte auf Malta, die man gesehen haben muss
ISBN 978-3-7408-0356-8

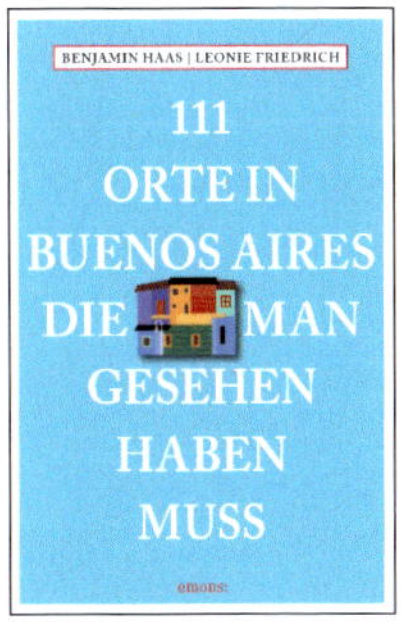

Benjamin Haas, Leonie Friedrich
111 Orte in Buenos Aires, die man gesehen haben muss
ISBN 978-3-95451-835-7

Franziska Lô
111 Orte in Costa Rica, die man gesehen haben muss
ISBN 978-3-7408-0245-5

Andrea Livnat, Angelika Baumgartner
111 Orte in Tel Aviv, die man gesehen haben muss
ISBN 978-3-95451-703-9

Cornelia Ziegler, Chris Sindermann
111 Orte auf Kreta, die man gesehen haben muss
ISBN 978-3-95451-540-0

Bernd Imgrund, Britta Schmitz
111 Kölner Orte, die man gesehen haben muss
Band 1
ISBN 978-3-89705-618-3

Bernd Imgrund, Britta Schmitz
111 Kölner Orte, die man gesehen haben muss
Band 2
ISBN 978-3-89705-695-4

Peter Eickhoff
111 Düsseldorfer Orte, die man gesehen haben muss
ISBN 978-3-89705-699-2

Rike Wolf
111 Orte in Hamburg, die man gesehen haben muss
ISBN 978-3-89705-916-0

Giulia Castelli Gattinara, Mario Verin
111 Orte in Mailand, die man gesehen haben muss
ISBN 978-3-95451-617-9

HP Mayer
111 Orte in Heidelberg, die man gesehen haben muss
ISBN 978-3-7408-0246-2

Cornelia Ziegler, Alfred Hössl
111 Orte in und um Baden-Baden, die man gesehen haben muss
ISBN 978-3-7408-0134-2

Gabriele Kalmbach
111 Orte in Stuttgart, die man gesehen haben muss
ISBN 978-3-95451-004-7

Oliver Schröter, Falk Saalbach
111 Orte in Zürich, die man gesehen haben muss
ISBN 978-3-95451-538-7